L'alphabet
Alphabet

Nom _____

Écrivez l'alphabet français.

l'avion

A a
(ah)

_ _ _ _ _ _ _ _ _ _

la ballerine

B b
(bay)

_ _ _ _ _ _ _ _ _ _

le cochon

C c
(say)

_ _ _ _ _ _ _ _ _ _

la dent

D d
(day)

_ _ _ _ _ _ _ _ _ _

l'église

E e
(uh)

_ _ _ _ _ _ _ _ _ _

le feu

F f
(eff)

_ _ _ _ _ _ _ _ _ _

la girafe

G g
(zhay)

_ _ _ _ _ _ _ _ _ _

l'hippopotame

H h
(ash)

_ _ _ _ _ _ _ _ _ _

l'insecte

I i
(ee)

_ _ _ _ _ _ _ _ _ _

la jupe

J j
(zhee)

_ _ _ _ _ _ _ _ _ _

le kangourou

K k
(kah)

_ _ _ _ _ _ _ _ _ _

le lion

L l
(ell)

_ _ _ _ _ _ _ _ _ _

le magnétoscope

M m
(em)

_ _ _ _ _ _ _ _ _ _

la nappe

N n
(en)

_ _ _ _ _ _ _ _ _ _

L'alphabet

l'ours

O o
(oh)

_____

la poire

P p
(pay)

_____

le quai

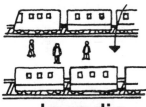

Q q
(coo)

_____

la radio

R r
(ehr)

_____

la souris

(ess) S s

_____

la table

(tay) T t

_____

l'usine

(u) U u

_____

la vache

(vay) V v

_____

le wagon-lit

(doo-ble vay) W w

_____

le xylophone

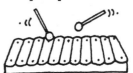

(eex) X x

_____

le yaourt

(ee-grek) Y y

_____

le zèbre

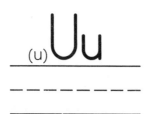

(zed) Z z

_____

Les nombres
Numbers

Nom_____

Écrivez les nombres en français. (Write the numbers in French.)

0 zéro

1 un

2 deux

3 trois

4 quatre

5 cinq

6 six

7 sept

8 huit

9 neuf

10 dix

11 onze

12 douze

13 treize

14 quatorze

15 quinze

16 seize

17 dix-sept

18 dix-huit

19 dix-neuf

20 vingt

Les nombres

Écrivez les nombres en français. (Write the numbers in French.)

21 vingt et un

22 vingt-deux

23 vingt-trois

24 vingt-quatre

25 vingt-cinq

26 vingt-six

27 vingt-sept

28 vingt-huit

29 vingt-neuf

30 trente

31 trente et un

32 trente-deux

33 trente-trois

34 trente-quatre

35 trente-cinq

36 trente-six

37 trente-sept

38 trente-huit

39 trente-neuf

40 quarante

50 cinquante

Les nombres

Écrivez les bons nombres. (Write the correct numbers.)

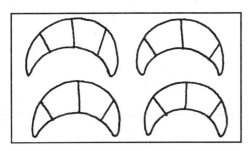

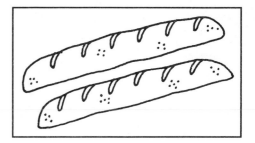

_____

- - - - - - - - - - - - - - - - -

_____

_____

- - - - - - - - - - - - - - - - -

_____

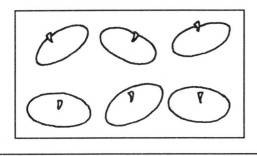

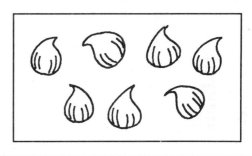

_____

- - - - - - - - - - - - - - - - -

_____

_____

- - - - - - - - - - - - - - - - -

_____

Les nombres

Nom _____

Écrivez les bons chiffres. (Write the correct numbers.)

Example: treize _____13_____

vingt-trois _____   quarante _____

douze _____   trente-huit _____

trente-six _____   quinze _____

seize _____   sept _____

dix-neuf _____   quatre _____

vingt-quatre _____   quatorze _____

6	22	15
+4	+10	+25
_____	_____	_____
- - - - - - -	- - - - - - -	- - - - - - -
_____	_____	_____

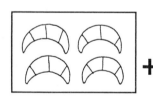 **+** 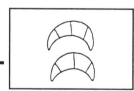 **=** _____

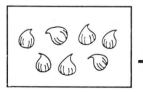 **+** 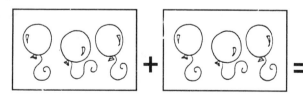 **=** _____

 **+** **=** _____

IF8792 French

Les couleurs
Colors

Nom _____

Écrivez les couleurs en français. (Write the colors in French.)

jaune

orange

rouge

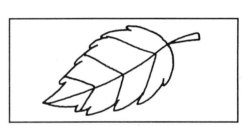

vert

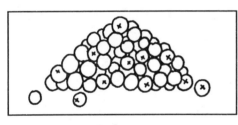

bleu

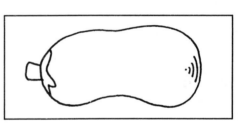

violet

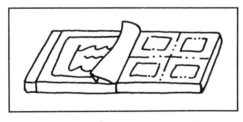

brun

rose

Les couleurs

Écrivez les couleurs en français. (Write the colors in French.)

noir

- - - - - - - - - - - - - - - -
_____

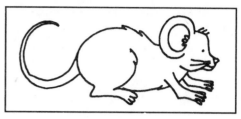

gris

- - - - - - - - - - - - - - - -
_____

blanc

- - - - - - - - - - - - - - - -

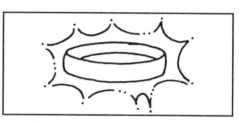

doré

- - - - - - - - - - - - - - - -

1. The sky is

    _____

2. Snow is

    _____

3. The sun is

    _____

4. My house is

    _____

5. Dirt is

    _____

6. In the summer leaves are

    _____

7. Grape juice is

    _____

8. An orange is

    _____

9. Roses are

    and violets are

    _____

10. My shirt is

    _____

11. Some jewelry is

    _____

Le calendrier
The Calendar

Écrivez en français.

le calendrier

_____

- - - - - - - - - - - -

le mois

_____

- - - - - - - - - - - -

la semaine

_____

- - - - - - - - - - - -

le jour

_____

- - - - - - - - - - - -

les années

_____

- - - - - - - - - - - -

Écrivez les mots justes en français. (Write the correct words in French.)

12 mois =

4 semaines =

7 jours =

24 heures =

Les jours
The Days of the Week

Nom _____

Écrivez en français.
Note: Days of the week are **not** capitalized in French.

lundi (Monday)

_____

----

mardi (Tuesday)

----

mercredi (Wednesday)

_____

jeudi (Thursday)

_____

vendredi (Friday)

_____

----

samedi (Saturday)

_____

dimanche (Sunday)

Écrivez le jour suivant.
(Write the following day.)

mardi

----

vendredi

----

lundi

----

jeudi

----

mercredi

----

dimanche

----

samedi

Les mois

The Months

Nom _____

Écrivez en français.

Note: Months are **not** capitalized in French.

janvier

juillet

février

août

mars

septembre

avril

octobre

mai

novembre

juin

décembre

Les mois

Écrivez le mois suivant. (Write the following month.)

décembre

‒ ‒ ‒ ‒ ‒ ‒ ‒ ‒ ‒ ‒ ‒ ‒

mai

‒ ‒ ‒ ‒ ‒ ‒ ‒ ‒ ‒ ‒ ‒ ‒

septembre

‒ ‒ ‒ ‒ ‒ ‒ ‒ ‒ ‒ ‒ ‒ ‒

avril

‒ ‒ ‒ ‒ ‒ ‒ ‒ ‒ ‒ ‒ ‒ ‒

juin

‒ ‒ ‒ ‒ ‒ ‒ ‒ ‒ ‒ ‒ ‒ ‒

novembre

‒ ‒ ‒ ‒ ‒ ‒ ‒ ‒ ‒ ‒ ‒ ‒

août

‒ ‒ ‒ ‒ ‒ ‒ ‒ ‒ ‒ ‒ ‒ ‒

février

‒ ‒ ‒ ‒ ‒ ‒ ‒ ‒ ‒ ‒ ‒ ‒

janvier

‒ ‒ ‒ ‒ ‒ ‒ ‒ ‒ ‒ ‒ ‒ ‒

octobre

‒ ‒ ‒ ‒ ‒ ‒ ‒ ‒ ‒ ‒ ‒ ‒

mars

‒ ‒ ‒ ‒ ‒ ‒ ‒ ‒ ‒ ‒ ‒ ‒

juillet

‒ ‒ ‒ ‒ ‒ ‒ ‒ ‒ ‒ ‒ ‒ ‒

La maison
The House

Nom _____

Écrivez en français.

la chambre à coucher

_____

- - - - - - - - - - - - - - -

_____

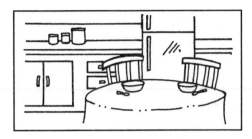

la cuisine

_____

- - - - - - - - - - - - - - -

_____

la fenêtre

_____

- - - - - - - - - - - - - - -

_____

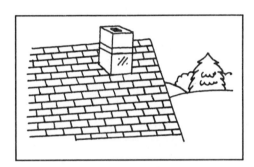

la cheminée

_____

- - - - - - - - - - - - - - -

_____

le jardin

_____

- - - - - - - - - - - - - - -

_____

la terrasse

_____

- - - - - - - - - - - - - - -

_____

La maison

Écrivez en français.

la salle de séjour

_ _ _ _ _ _ _ _ _ _ _ _

la salle à manger

_ _ _ _ _ _ _ _ _ _ _ _

la salle de bains

_ _ _ _ _ _ _ _ _ _ _ _

le toit

_ _ _ _ _ _ _ _ _ _ _ _

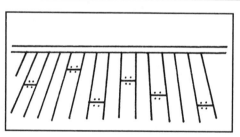

le plancher

_ _ _ _ _ _ _ _ _ _ _ _

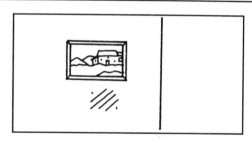

le mur

_ _ _ _ _ _ _ _ _ _ _ _

la porte

_ _ _ _ _ _ _ _ _ _ _ _

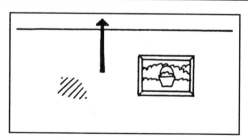

le plafond

_ _ _ _ _ _ _ _ _ _ _ _

La maison

Nom _____

Dessinez les parties de la maison et écrivez les mots en français.
(Draw the parts of the house and write the words in French.)

door	bedroom	kitchen
roof	chimney	bathroom
floor	dining room	window

Les choses à la maison
Household Items

Nom _____

Écrivez en français.

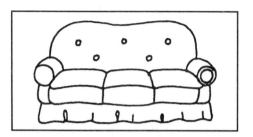

le canapé

- - - - - - - - - - - - - - - -

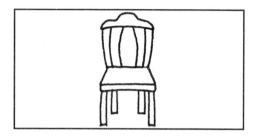

la chaise

- - - - - - - - - - - - - - - -

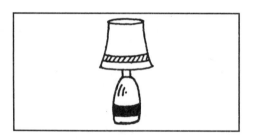

la lampe

- - - - - - - - - - - - - - - -

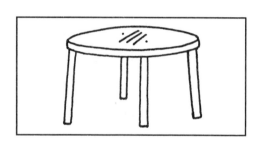

la table

- - - - - - - - - - - - - - - -

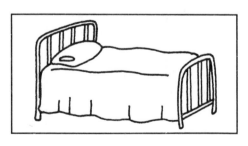

le lit

- - - - - - - - - - - - - - - -

la télévision

- - - - - - - - - - - - - - - -

Les choses à la maison

Nom _____

Écrivez en français.

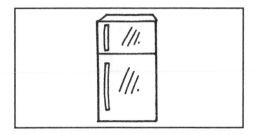

le réfrigérateur

- - - - - - - - - - - - - - - -

le four

- - - - - - - - - - - - - - - -

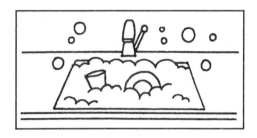

l'évier

- - - - - - - - - - - - - - - -

l'étagère à livres

- - - - - - - - - - - - - - - -

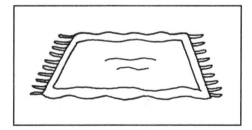

le tapis

- - - - - - - - - - - - - - - -

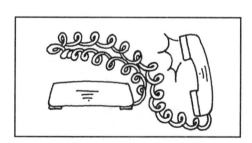

le téléphone

- - - - - - - - - - - - - - - -

Les choses à la maison

Écrivez en français.

la commode

_ _ _ _ _ _ _ _ _ _ _ _ _ _ _

_____

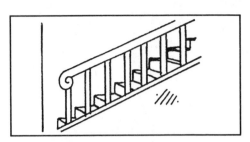

l'escalier

_ _ _ _ _ _ _ _ _ _ _ _ _ _ _

_____

la machine à laver

_ _ _ _ _ _ _ _ _ _ _ _ _ _ _

_____

le séchoir à linge

_ _ _ _ _ _ _ _ _ _ _ _ _ _ _

_____

le balai

_ _ _ _ _ _ _ _ _ _ _ _ _ _ _

_____

l'aspirateur

_ _ _ _ _ _ _ _ _ _ _ _ _ _ _

_____

la cafetière

_ _ _ _ _ _ _ _ _ _ _ _ _ _ _

_____

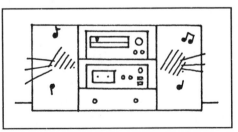

la chaîne stéréo

_ _ _ _ _ _ _ _ _ _ _ _ _ _ _

_____

Les choses à la maison

Écrivez en français.

le ventilateur

_____

- - - - - - - - - - - - - -

_____

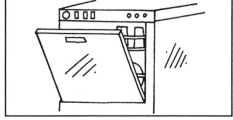

le lave-vaisselle

_____

- - - - - - - - - - - - - -

le four à micro-ondes

_____

- - - - - - - - - - - - - -

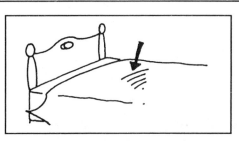

le lave-pont

_____

- - - - - - - - - - - - - -

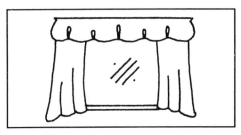

les rideaux

_____

- - - - - - - - - - - - - -

le drap de lit

_____

- - - - - - - - - - - - - -

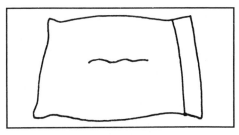

l'oreiller

_____

- - - - - - - - - - - - - -

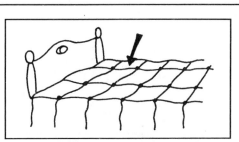

l'édredon

_____

- - - - - - - - - - - - - -

_____

Les choses à la maison

Nom _____

Dessinez ces choses et écrivez les mots en français.
(Draw these things and label them in French.)

broom	quilt	mop

coffeemaker	vacuum cleaner	fan

pillow	curtains	dryer

Les choses à la maison

Dessinez ces choses dans la maison: (Draw these things in the house:)

la lampe
le téléphone
la télévision
la table
le réfrigérateur
le four
le tapis

la cheminée
le canapé
l'étagère à livres
la chaise
le lit
la commode
l'escalier

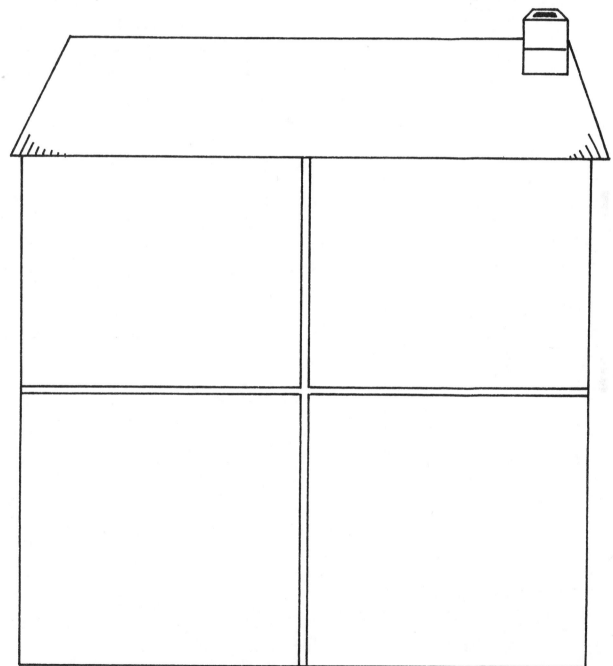

La famille
The Family

Nom _____

Écrivez en français.

le père

_____
- - - - - - - - - - - - - -
_____

la mère

_____
- - - - - - - - - - - - - -
_____

le fils

_____
- - - - - - - - - - - - - -
_____

la fille

_____
- - - - - - - - - - - - - -
_____

le frère

_____
- - - - - - - - - - - - - -
_____

la soeur

_____
- - - - - - - - - - - - - -
_____

La famille

Écrivez en français.

le grand-père

_____

- - - - - - - - - - - - - - - - - - -

_____

la grand-mère

_____

- - - - - - - - - - - - - - - - - - -

_____

l'oncle

_____

- - - - - - - - - - - - - - - - - - -

_____

la tante

_____

- - - - - - - - - - - - - - - - - - -

_____

le cousin

_____

- - - - - - - - - - - - - - - - - - -

_____

la cousine

_____

- - - - - - - - - - - - - - - - - - -

_____

La famille

Nom_____

Écrivez en français.

mother _____

father _____

grandmother _____

grandfather _____

uncle _____

son _____

brother _____

cousin _____

daughter _____

aunt _____

sister _____

La famille

Draw pictures of your family where indicated and label them in French.

Les vêtements
Clothing

Écrivez en français.

la chemise

_____

- - - - - - - - - - - - - - -

_____

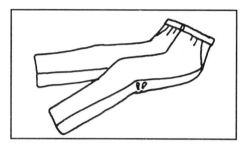

le pantalon

_____

- - - - - - - - - - - - - - -

_____

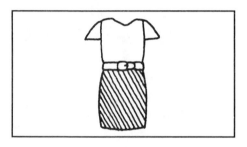

la robe

_____

- - - - - - - - - - - - - - -

_____

la cravate

_____

- - - - - - - - - - - - - - -

_____

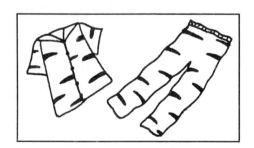

le pyjama

_____

- - - - - - - - - - - - - - -

_____

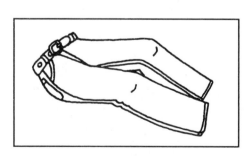

le jean

_____

- - - - - - - - - - - - - - -

_____

Les vêtements

Écrivez en français.

la jupe

- - - - - - - - - - - - - - - - - - -

la veste

- - - - - - - - - - - - - - - - - - -

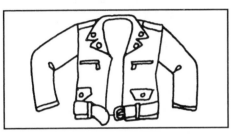

le blouson

- - - - - - - - - - - - - - - - - - -

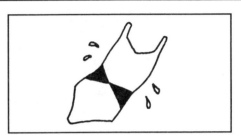

le maillot de bain

- - - - - - - - - - - - - - - - - - -

le manteau

- - - - - - - - - - - - - - - - - - -

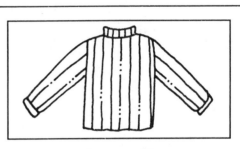

le pull

- - - - - - - - - - - - - - - - - - -

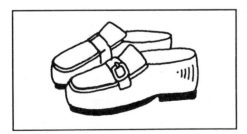

les chausseures

- - - - - - - - - - - - - - - - - - -

les sandales

- - - - - - - - - - - - - - - - - - -

Les vêtements

Nom _____

Dessinez et écrivez en français les vêtements que vous
mettez pour aller . . . (Draw and label the clothing you
wear to go . . .)

to the beach	to school

to bed	to a wedding

outside when it's cold	outside when it's hot

Les accessoires
Accessories

Nom _____

Écrivez en français.

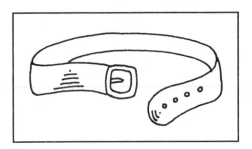

la ceinture

_____

- - - - - - - - - - - - - -

_____

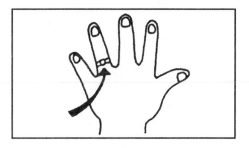

l'anneau

_____

- - - - - - - - - - - - - -

_____

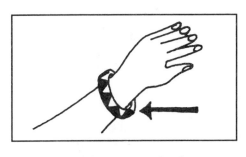

le bracelet

_____

- - - - - - - - - - - - - -

_____

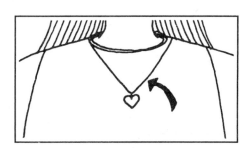

le collier

_____

- - - - - - - - - - - - - -

_____

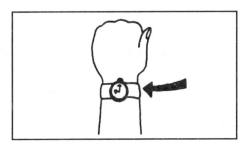

la montre

_____

- - - - - - - - - - - - - -

_____

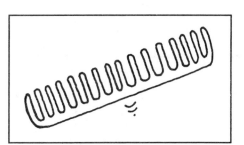

le peigne

_____

- - - - - - - - - - - - - -

_____

Les accessoires

Écrivez en français.

Nom _____

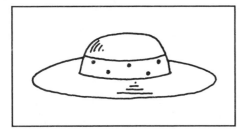

le chapeau

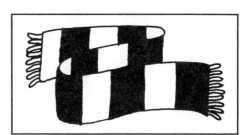

l'écharpe

les lunettes

les lunettes de soleil

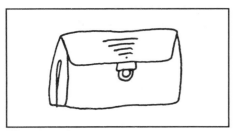

le sac à main

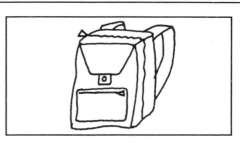

le sac au dos

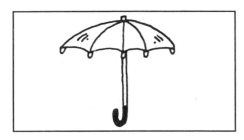

le parapluie

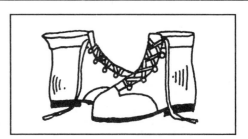

les bottes

Les accessoires

Écrivez en français. (Write in French.)

La cuisine
Food

Nom _____

Écrivez en français.

le pain

_ _ _ _ _ _ _ _ _ _ _ _ _ _ _

le fromage

_ _ _ _ _ _ _ _ _ _ _ _ _ _ _

le poisson

_ _ _ _ _ _ _ _ _ _ _ _ _ _ _

les fruits

_ _ _ _ _ _ _ _ _ _ _ _ _ _ _

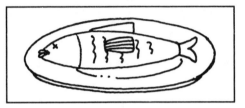

le café

_ _ _ _ _ _ _ _ _ _ _ _ _ _ _

les légumes

_ _ _ _ _ _ _ _ _ _ _ _ _ _ _

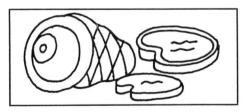

la viande

_ _ _ _ _ _ _ _ _ _ _ _ _ _ _

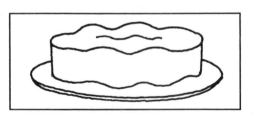

le gâteau

_ _ _ _ _ _ _ _ _ _ _ _ _ _ _

La cuisine

Écrivez en français.

Nom _____

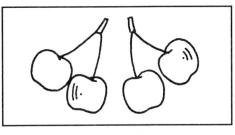

la pomme

- -

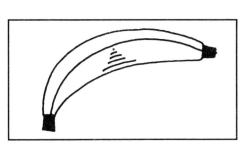

la banane

- -

les cerises

- -

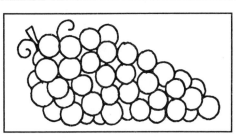

les grains de raisin

- -

l'orange

- -

la fraise

- -

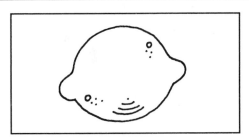

le citron

- -

la poire

- -

La cuisine

Écrivez en français.

la tomate

la salade

la carotte

le maïs

le riz

les pois

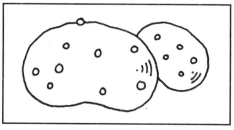

les pommes de terre

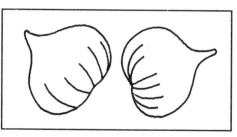

l'ail

La cuisine

Écrivez en français.

_ _

_ _

 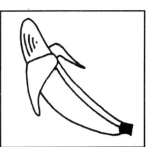

La cuisine

Nom _____

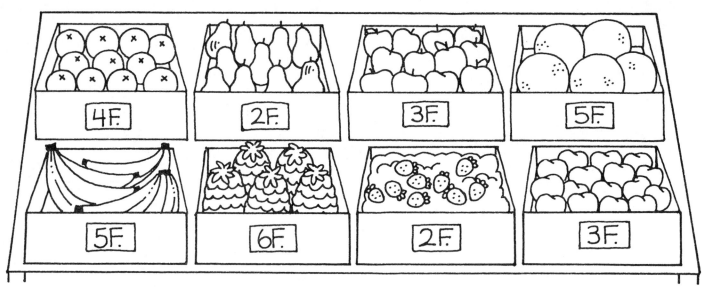

Écrivez les mots justes en français. (Write the correct words in French.)

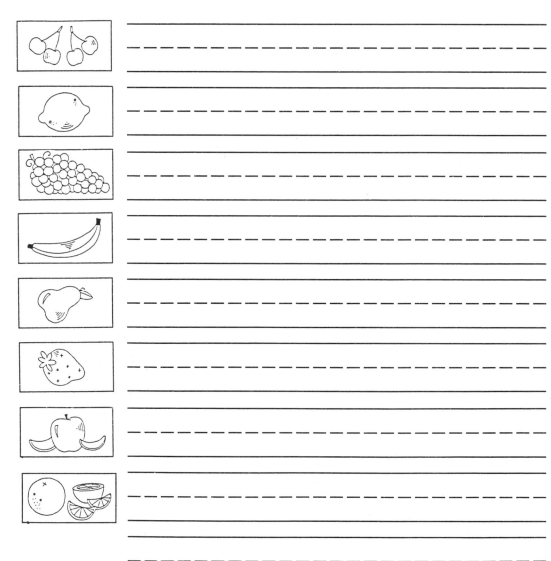

Le fruit que je préfère est _____

Au supermarché
At the Supermarket

Nom _____

Écrivez en français.

le chariot

_____
- - - - - - - - - - - - - - - -

le sac à provisions

_____
- - - - - - - - - - - - - - - -

le prix

_____
- - - - - - - - - - - - - - - -

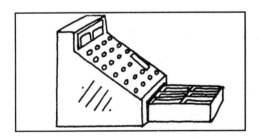

la caisse

_____
- - - - - - - - - - - - - - - -

le caissier

_____
- - - - - - - - - - - - - - - -

la balance

_____
- - - - - - - - - - - - - - - -

Le petit-déjeuner
Breakfast

Nom _____

Écrivez en français.

le lait

le yaourt

le café

le chocolat

le pain

le jus d'orange

Écrivez en français ce que vous mangeriez pour le petit-déjeuner en France.
(Write in French what you would eat in France for breakfast.)

Le déjeuner
Lunch

Nom _____

Écrivez en français.

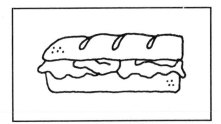

le sandwich

- - - - - - - - - - - - - - - - -

_____

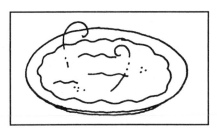

l'omelette

- - - - - - - - - - - - - - - - -

_____

la salade

- - - - - - - - - - - - - - - - -

_____

le potage

- - - - - - - - - - - - - - - - -

_____

la moutarde

- - - - - - - - - - - - - - - - -

_____

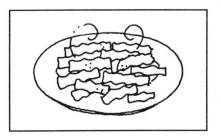

les frites

- - - - - - - - - - - - - - - - -

_____

Écrivez en français ce que vous mangeriez pour le déjeuner en France.
(Write in French what you would eat in France for lunch.)

_____

- -

_____

- -

_____

Le dîner
Dinner

Écrivez en français.

le fromage

_ _ _ _ _ _ _ _ _ _ _ _ _ _

le poulet

_ _ _ _ _ _ _ _ _ _ _ _ _ _

le jambon

_ _ _ _ _ _ _ _ _ _ _ _ _ _

le pain

_ _ _ _ _ _ _ _ _ _ _ _ _ _

les haricots verts

_ _ _ _ _ _ _ _ _ _ _ _ _ _

la salade

_ _ _ _ _ _ _ _ _ _ _ _ _ _

Écrivez en français ce que vous mangeriez pour le dîner en France.
(Write in French what you would eat in France for dinner.)

_ _ _ _ _ _ _ _ _ _ _ _ _ _

_ _ _ _ _ _ _ _ _ _ _ _ _ _

Le temps
Weather

Nom _____

Écrivez en français.

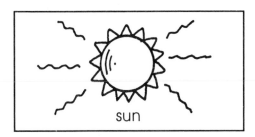

le soleil

_____

– – – – – – – – – – – – – – – – –

les nuages

_____

– – – – – – – – – – – – – – – – –

la pluie

_____

– – – – – – – – – – – – – – – – –

la neige

_____

– – – – – – – – – – – – – – – – –

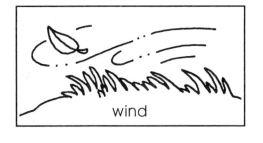

le vent

_____

– – – – – – – – – – – – – – – – –

Le temps

Nom _____

Identifiez le temps. Écrivez les mots en français.
(Identify the weather. Write the words in French.)

_____

- - - - - - - - - - - - - - -

_____

_____

- - - - - - - - - - - - - - -

_____

_____

- - - - - - - - - - - - - - -

_____

_____

- - - - - - - - - - - - - - -

_____

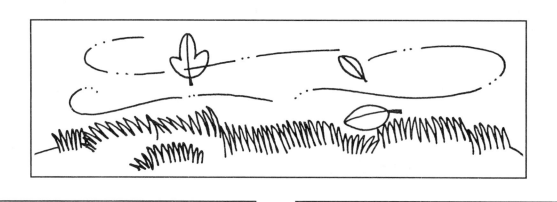

_____

- - - - - - - - - - - - - - -

_____

Les saisons
Seasons

Nom _____

Écrivez en français.

l'hiver

_____

- - - - - - - - - - - - - - - - - - - -

le printemps

_____

- - - - - - - - - - - - - - - - - - - -

l'été

_____

- - - - - - - - - - - - - - - - - - - -

l'automne

_____

- - - - - - - - - - - - - - - - - - - -

La ferme
The Farm

Nom _____

Écrivez en français.

la ferme

_____

- - - - - - - - - - - - - - -

_____

l'ouvrier agricole

_____

- - - - - - - - - - - - - - -

_____

la grange

_____

- - - - - - - - - - - - - - -

_____

le tracteur

_____

- - - - - - - - - - - - - - -

_____

le foin

_____

- - - - - - - - - - - - - - -

_____

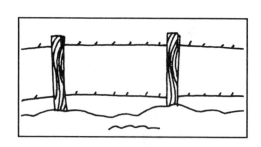

la barrière

_____

- - - - - - - - - - - - - - -

_____

La ferme

Écrivez en français.

les poules

_____

- - - - - - - - - - - - - - -

_____

le canard

_____

- - - - - - - - - - - - - - -

_____

la chèvre

_____

- - - - - - - - - - - - - - -

_____

le chien

_____

- - - - - - - - - - - - - - -

_____

le chat

_____

- - - - - - - - - - - - - - -

_____

le coq

_____

- - - - - - - - - - - - - - -

_____

La ferme

Écrivez en français.

le poisson

_ _ _ _ _ _ _ _ _ _ _ _ _ _ _

le lapin

_ _ _ _ _ _ _ _ _ _ _ _ _ _ _

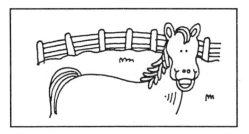

le cheval

_ _ _ _ _ _ _ _ _ _ _ _ _ _ _

le papillon

_ _ _ _ _ _ _ _ _ _ _ _ _ _ _

le mouton

_ _ _ _ _ _ _ _ _ _ _ _ _ _ _

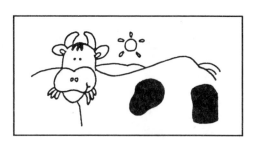

la vache

_ _ _ _ _ _ _ _ _ _ _ _ _ _ _

La ferme

Écrivez en français.

le serpent

- - - - - - - - - - - - - - - - - -
_____

le cochon

- - - - - - - - - - - - - - - - - -
_____

la poule

- - - - - - - - - - - - - - - - - -
_____

la tortue

- - - - - - - - - - - - - - - - - -
_____

la grenouille

- - - - - - - - - - - - - - - - - -
_____

la mouche

- - - - - - - - - - - - - - - - - -
_____

La ferme

Écrivez en français. (Write each animal's name in French.)

1. _____

2. _____

3. _____

4. _____

5. _____

6. _____

7. _____

8. _____

9. _____

10. _____

11. _____

12. _____

13. _____

14. _____

La ferme

Dessinez chaque animal et chaque objet. (Draw each animal or object.)

le foin
l'ouvrier agricole
le cheval
le tracteur
la barrière
le papillon
le mouton
la chèvre
les poules
la vache
le cochon
le canard
la poule
le coq

Le transport
Transportation

Nom _____

Écrivez en français.

la voiture

- -

le camion

- -

l'avion

- -

le bateau

- -

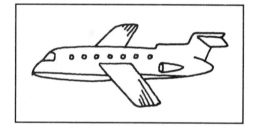

le train

- -

Le transport

Nom _____

Écrivez en français.

le bus

_____
- - - - - - - - - - - - - - - -

le vélo

_____
- - - - - - - - - - - - - - - -

la moto

_____
- - - - - - - - - - - - - - - -

le taxi

_____
- - - - - - - - - - - - - - - -

le métro

_____
- - - - - - - - - - - - - - - -

Le transport

Nom _____

Répondez en français. (Answer in French.)

1. Children can ride to school on me.

   _____

   What am I? _____

2. City workers can ride on me.

   _____

   What am I? _____

3. Travel time "flies" on me.

   _____

   What am I? _____

4. My English name rhymes with "float" which is what I do.

   _____

   What am I? _____

5. I have a caboose.

   _____

   What am I? _____

6. Children learn to ride me when they are about five.

   _____

   What am I? _____

7. People use me to carry very big loads.

   _____

   What am I? _____

Le transport

Écrivez en français.

- - - - - - - - - - - - - - - - -

- - - - - - - - - - - - - - - - -

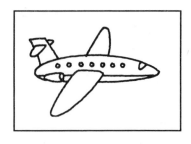

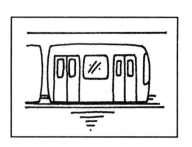

- - - - - - - - - - - - - - - - -

- - - - - - - - - - - - - - - - -

Les sports
Sports

Nom _____

Écrivez en français.

faire du ski

_____

- - - - - - - - - - - - -

_____

faire du patin à glace

_____

- - - - - - - - - - - - -

_____

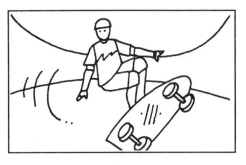

faire du skateboard

_____

- - - - - - - - - - - - -

_____

faire du cheval

_____

- - - - - - - - - - - - -

_____

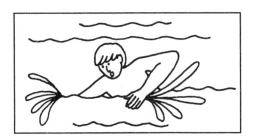

faire de la natation

_____

- - - - - - - - - - - - -

_____

faire du vélo

_____

- - - - - - - - - - - - -

_____

Les sports

Écrivez en français.

Nom_____

le football

_____
- - - - - - - - - - - - - -
_____

le base-ball

_____
- - - - - - - - - - - - - -
_____

le football américain

_____
- - - - - - - - - - - - - -
_____

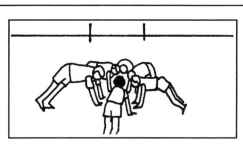

le rugby

_____
- - - - - - - - - - - - - -
_____

le basket

_____
- - - - - - - - - - - - - -
_____

le tennis

_____
- - - - - - - - - - - - - -
_____

le billard

_____
- - - - - - - - - - - - - -
_____

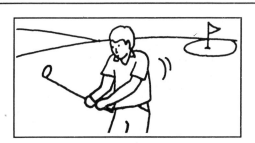

le golf

_____
- - - - - - - - - - - - - -
_____

Les sports

Écrivez les sports en français.
(Write each sport in French.)

Nom _____

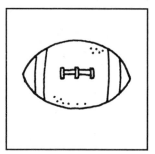

_____

- - - - - - - - - - - - - - - - -

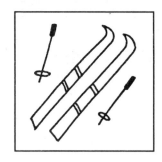

_____

- - - - - - - - - - - - - - - - -

_____

- - - - - - - - - - - - - - - - -

_____

- - - - - - - - - - - - - - - - -

Les professions
Professions

Nom _____

Écrivez en français.

le camionneur

_____

- - - - - - - - - - - - - - - -

_____

le pompier

_____

- - - - - - - - - - - - - - - -

_____

le pilote

_____

- - - - - - - - - - - - - - - -

_____

le médecin

_____

- - - - - - - - - - - - - - - -

_____

l'infirmière

_____

- - - - - - - - - - - - - - - -

_____

la dentiste

_____

- - - - - - - - - - - - - - - -

_____

Les professions

Ecrivez en français.

Nom_____

la chanteuse

_____

la femme d'affaires

_____

le chef

_____

le soldat

_____

le charpentier

_____

le policier

_____

le mécanicien

_____

l'artiste

_____

Les professions

Write in French who does the following jobs.

1. repairs cars

2. puts out fires

3. delivers mail

4. paints

5. fights wars

6. prepares food

7. flies airplanes

8. sings

9. checks your teeth

10. drives a truck

11. builds houses

12. works in a company

13. heals the sick

Le corps
The Body

Écrivez en français.

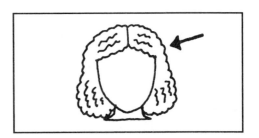

la tête

_____
- - - - - - - - - - - - - - - -
_____

les cheveux

_____
- - - - - - - - - - - - - - - -
_____

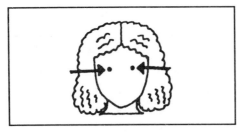

les yeux

_____
- - - - - - - - - - - - - - - -
_____

le nez

_____
- - - - - - - - - - - - - - - -
_____

la bouche

_____
- - - - - - - - - - - - - - - -
_____

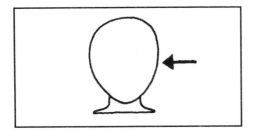

l'oreille

_____
- - - - - - - - - - - - - - - -
_____

Le corps

Écrivez en français.

Nom _____

le bras

- - - - - - - - - - - - - - - - - - - -

le coude

- - - - - - - - - - - - - - - - - - - -

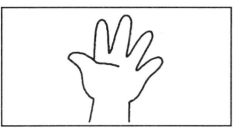

la main

- - - - - - - - - - - - - - - - - - - -

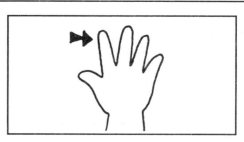

le doigt

- - - - - - - - - - - - - - - - - - - -

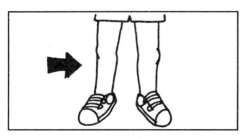

la jambe

- - - - - - - - - - - - - - - - - - - -

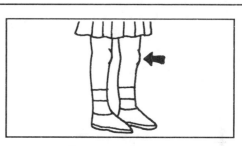

le genou

- - - - - - - - - - - - - - - - - - - -

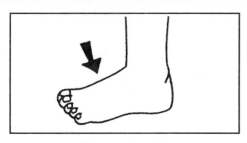

le pied

- - - - - - - - - - - - - - - - - - - -

la poitrine

- - - - - - - - - - - - - - - - - - - -

Le corps

Label the parts of the body in French.

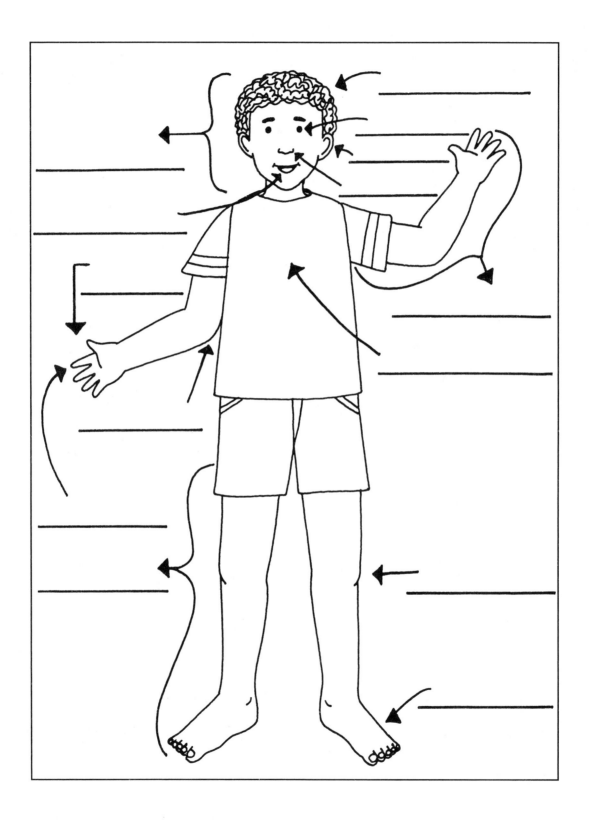

La maladie
Illness

Nom _____

Écrivez en français.

le médicament

_____

- - - - - - - - - - -

_____

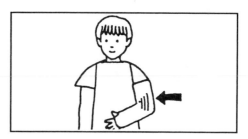

le plâtre

_____

- - - - - - - - - - -

_____

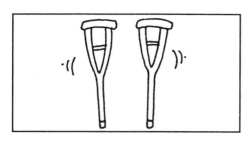

les béquilles

_____

- - - - - - - - - - -

_____

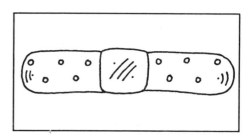

le sparadrap

_____

- - - - - - - - - - -

_____

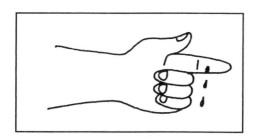

la coupure

_____

- - - - - - - - - - -

_____

la toux

_____

- - - - - - - - - - -

_____

La maladie

Écrivez en français.

Nom _____

mal à la tête

_____

- - - - - - - - -

_____

mal aux dents

_____

- - - - - - - - -

_____

mal au ventre

_____

- - - - - - - - -

_____

mal à la gorge

_____

- - - - - - - - -

_____

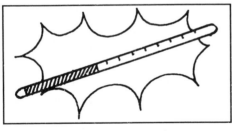

le thermomètre

_____

- - - - - - - - -

_____

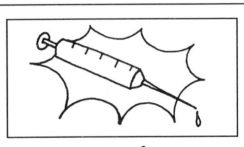

la piqûre

_____

- - - - - - - - -

_____

le médecin

_____

- - - - - - - - -

_____

l'infirmier

_____

- - - - - - - - -

_____

La maladie

De quoi souffrent-ils? (What ails them?)

1. _____

2. _____

3. _____

4. _____

5. _____

Draw lines matching each ailment to the proper treatment.

les béquilles

le sparadrap

le plâtre

le médicament

le themomètre

Les moyens de communication

Communication

Nom _____

Écrivez en français.

la carte postale

_ _ _ _ _ _ _ _ _ _ _ _ _ _ _

_____

le journal

_ _ _ _ _ _ _ _ _ _ _ _ _ _ _

_____

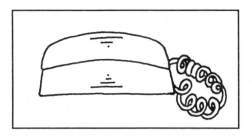

le téléphone

_ _ _ _ _ _ _ _ _ _ _ _ _ _ _

_____

la radio

_ _ _ _ _ _ _ _ _ _ _ _ _ _ _

_____

la télévision

_ _ _ _ _ _ _ _ _ _ _ _ _ _ _

_____

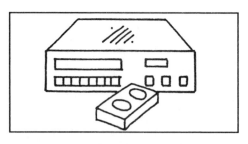

le magnétoscope

_ _ _ _ _ _ _ _ _ _ _ _ _ _ _

_____

Les moyens de communication

Écrivez en français.

Nom_____

le magazine

_____
- - - - - - - - - - - - - - -
_____

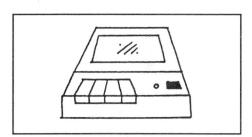

le répondeur

_____
- - - - - - - - - - - - - - -
_____

l'affiche

_____
- - - - - - - - - - - - - - -
_____

l'ordinateur

_____
- - - - - - - - - - - - - - -
_____

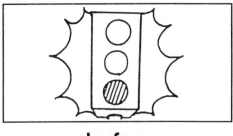

le feu

_____
- - - - - - - - - - - - - - -
_____

la bouche

_____
- - - - - - - - - - - - - - -
_____

les gestes

_____
- - - - - - - - - - - - - - -
_____

le livre

_____
- - - - - - - - - - - - - - -
_____

Les moyens de communication

Écrivez en français. (Write in French.)

_____

\- \- \- \- \- \- \-

_____

\- \- \- \- \- \- \-

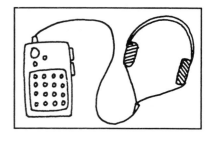

_____

\- \- \- \- \- \- \-

_____

\- \- \- \- \- \- \-

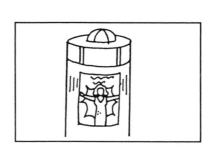

_____

\- \- \- \- \- \- \-

_____

\- \- \- \- \- \- \-

1. _____

\- \- \- \- \- \- \-

2. _____

\- \- \- \- \- \- \-

3. _____

\- \- \- \- \- \- \-

4. _____

\- \- \- \- \- \- \-

5. _____

\- \- \- \- \- \- \-

6. _____

\- \- \- \- \- \- \-

Les outils et les matériaux
Tools and Materials

Nom_____

Écrivez en français.

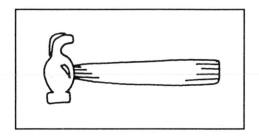

le marteau

_____

- - - - - - - - - - - - - -

_____

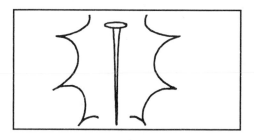

le clou

_____

- - - - - - - - - - - - - -

_____

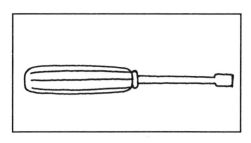

le tournevis

_____

- - - - - - - - - - - - - -

_____

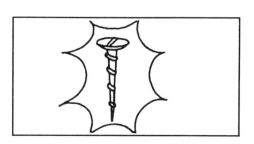

la vis

_____

- - - - - - - - - - - - - -

_____

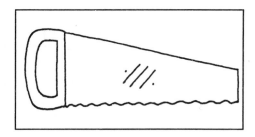

la scie

_____

- - - - - - - - - - - - - -

_____

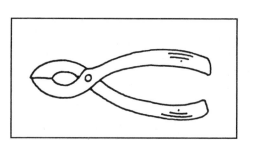

la pince

_____

- - - - - - - - - - - - - -

_____

Les outils et les matériaux

Écrivez en français.

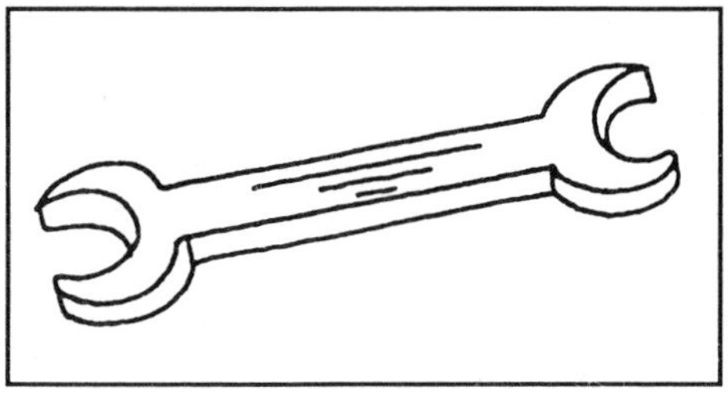

la clé

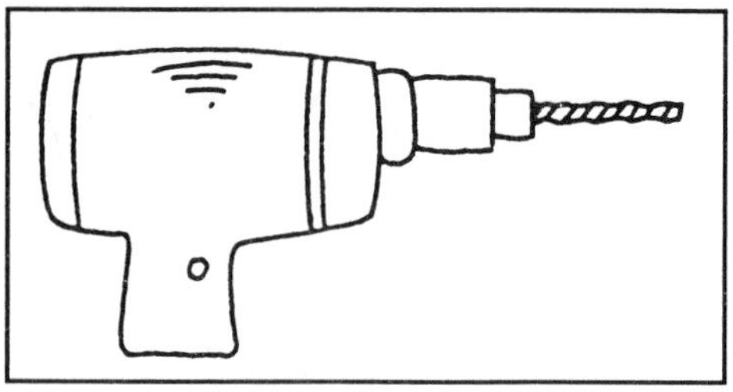

la perceuse

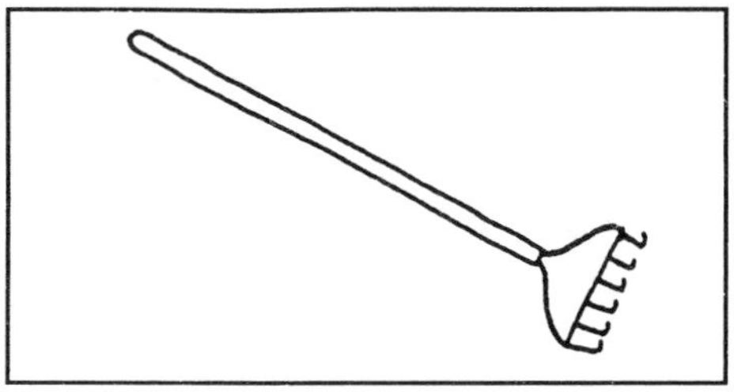

le râteau

la bêche

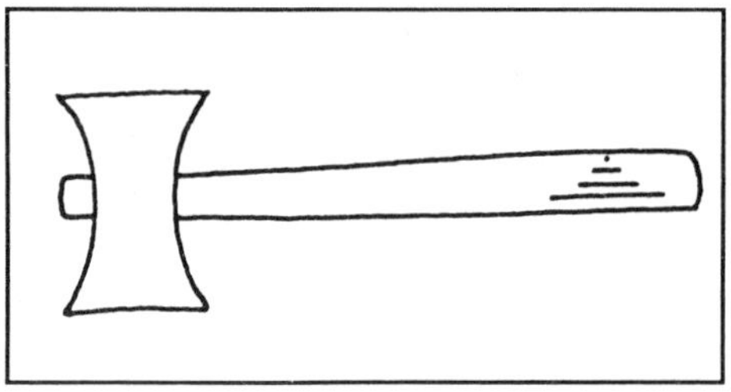

la hache

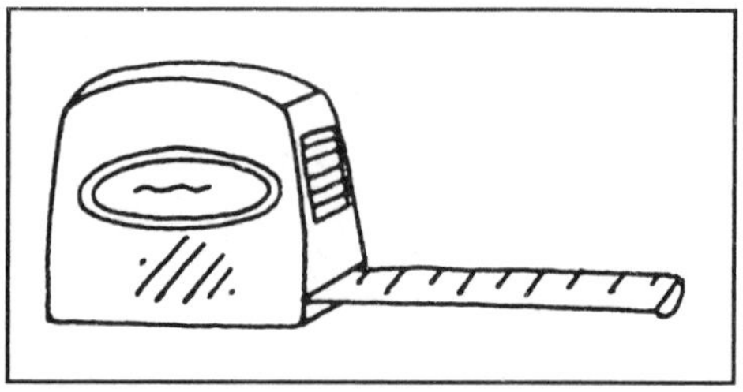

le mètre à ruban

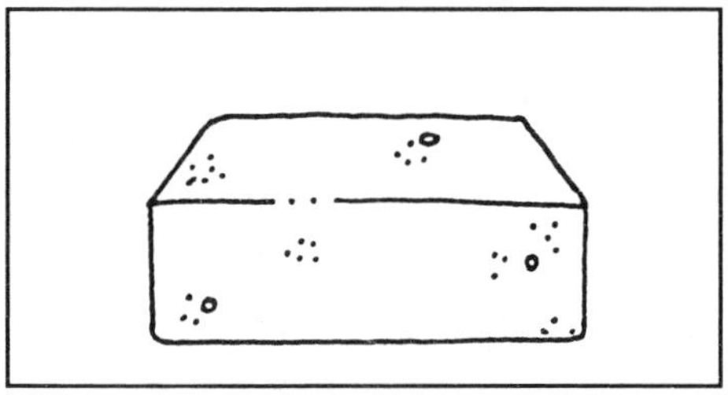

la brique

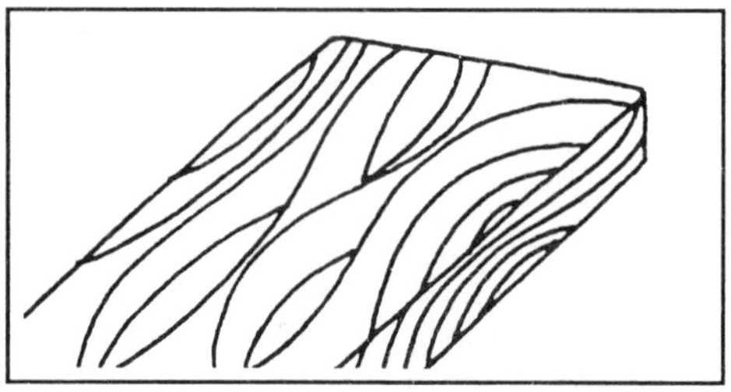

le bois

Les outils et les matériaux

Matching

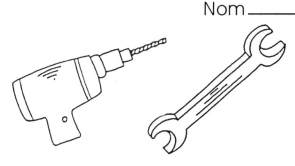

A. wrench

B. screwdriver

C. nails

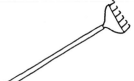

_____ la brique

_____ la pince

D. rake

_____ le râteau

E. hammer

_____ le clou

_____ la hache

F. shovel

_____ le tournevis

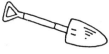

G. brick

_____ la scie

_____ le bois

H. screws

_____ la vis

I. drill

_____ la clé

J. wood

_____ la bêche

_____ la perceuse

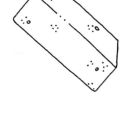

K. ax

_____ le marteau

L. pliers

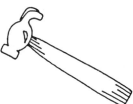

M. saw

La nature
Nature

Écrivez en français.

l'arbre

_____

- - - - - - - - - - - - - - -

_____

les feuilles

_____

- - - - - - - - - - - - - - -

_____

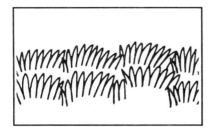

l'herbe

_____

- - - - - - - - - - - - - - -

_____

le bois

_____

- - - - - - - - - - - - - - -

_____

la fleur

_____

- - - - - - - - - - - - - - -

_____

le ruisseau

_____

- - - - - - - - - - - - - - -

_____

La nature

Écrivez en français.

le lac

_____

- - - - - - - - - - - -

_____

la mer

_____

- - - - - - - - - - - -

la plage

_____

- - - - - - - - - - - -

_____

le ciel

- - - - - - - - - - - -

_____

les montagnes

_____

- - - - - - - - - - - -

le désert

- - - - - - - - - - - -

_____

la vallée

_____

- - - - - - - - - - - -

le buisson

- - - - - - - - - - - -

_____

La nature

Write the French words for the parts of nature you see in each picture below.

_____

- -

_____

- -

_____

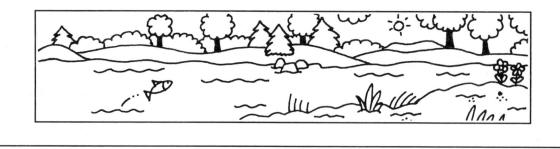

_____

- -

_____

- -

_____

- -

_____

En ville
In the City

Nom_____

Écrivez en français.

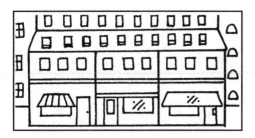

les immeubles

_____

- - - - - - - - - - - - - - - -

_____

le gratte-ciel

_____

- - - - - - - - - - - - - - - -

_____

le restaurant

_____

- - - - - - - - - - - - - - - -

_____

l'hôtel

_____

- - - - - - - - - - - - - - - -

_____

l'école

_____

- - - - - - - - - - - - - - - -

_____

l'église

_____

- - - - - - - - - - - - - - - -

_____

En ville

Nom _____

Écrivez en français.

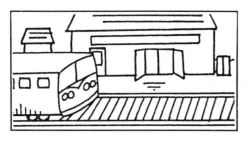

la gare

_ _ _ _ _ _ _ _ _ _ _ _ _ _ _ _ _ _ _

_____

le musée

_ _ _ _ _ _ _ _ _ _ _ _ _ _ _ _ _ _ _

_____

le poste de police

_ _ _ _ _ _ _ _ _ _ _ _ _ _ _ _ _ _ _

_____

la pâtisserie

_ _ _ _ _ _ _ _ _ _ _ _ _ _ _ _ _ _ _

_____

l'usine

_ _ _ _ _ _ _ _ _ _ _ _ _ _ _ _ _ _ _

_____

les bureaux

_ _ _ _ _ _ _ _ _ _ _ _ _ _ _ _ _ _ _

_____

En ville

Écrivez en français.

l'hôpital

le grand magasin

le supermarché

la boulangerie

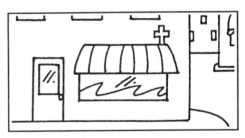

la pharmacie

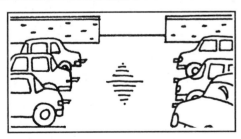

le magasin de jouets

le cinéma

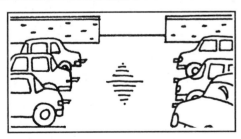

le parking

En ville

Où trouvez-vous ces choses-là? (Write in French where you would find each of these things.)

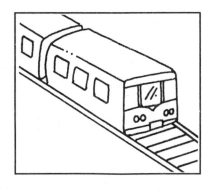

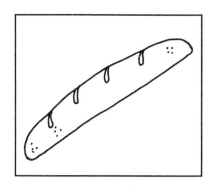

_____ _____ _____

- - - - - - - - - - - - - - - - - - - - - - - - - - -

_____ _____ _____

_____ _____ _____

- - - - - - - - - - - - - - - - - - - - - - - - - - -

_____ _____ _____

_____ _____ _____

- - - - - - - - - - - - - - - - - - - - - - - - - - -

_____ _____ _____

En ville

Write the names of the numbered buildings in French.

1. _____   7. _____

2. _____   8. _____

3. _____   9. _____

4. _____   10. _____

5. _____   11. _____

6. _____   12. _____

À la banque
At the Bank

Nom _____

Écrivez en français.

le caissier

_____
- - - - - - - - - - - - - - -
_____

le billet

_____
- - - - - - - - - - - - - - -
_____

la monnaie

_____
- - - - - - - - - - - - - - -
_____

le chèque

_____
- - - - - - - - - - - - - - -
_____

la carte d'identité

_____
- - - - - - - - - - - - - - -
_____

le portefeuille

_____
- - - - - - - - - - - - - - -
_____

À la banque

Écrivez en français.

le coffre-fort

_ _ _ _ _ _ _ _ _ _ _ _ _

le coffre

_ _ _ _ _ _ _ _ _ _ _ _ _

le garde

_ _ _ _ _ _ _ _ _ _ _ _ _

la tirelire

_ _ _ _ _ _ _ _ _ _ _ _ _

la carte de crédit

_ _ _ _ _ _ _ _ _ _ _ _ _

le chèque de voyage

_ _ _ _ _ _ _ _ _ _ _ _ _

la serrure

_ _ _ _ _ _ _ _ _ _ _ _ _

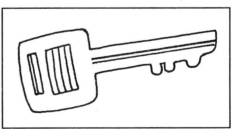

la clé

_ _ _ _ _ _ _ _ _ _ _ _ _

À la banque

Écrivez en français. (Label in French.)

1. _____

2. _____

3. _____

4. _____

5. _____

6. _____

7. _____

8. _____

9. _____

10. _____

À table
At the Table

Écrivez en français.

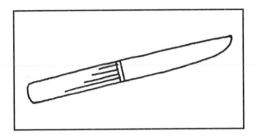

le couteau

_____

- -

_____

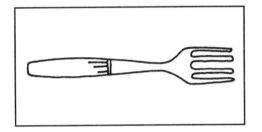

la fourchette

_____

- -

_____

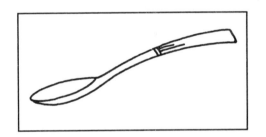

la cuillère

_____

- -

_____

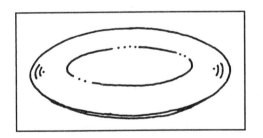

l'assiette

_____

- -

_____

le verre

_____

- -

_____

À table

Écrivez en français.

la tasse

_____

- - - - - - - - - - - - - - - - - -

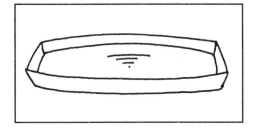

le plat

_____

- - - - - - - - - - - - - - - - - -

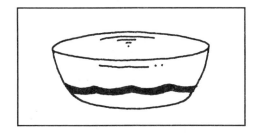

le bol

_____

- - - - - - - - - - - - - - - - - -

la serviette

_____

- - - - - - - - - - - - - - - - - -

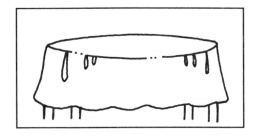

la nappe

_____

- - - - - - - - - - - - - - - - - -

À table

Écrivez en français.

1. I cut my meat with _____

_ _ _ _ _ _ _ _ _ _ _ _ _ _

_____

2. I drink milk out of _____

_ _ _ _ _ _ _ _ _ _ _ _ _ _

3. My parents drink coffee out of _____

_ _ _ _ _ _ _ _ _ _ _ _ _ _

at _____

_ _ _ _ _ _ _ _ _ _ _ _ _ _

4. I wipe my hands on _____

_ _ _ _ _ _ _ _ _ _ _ _ _ _

5. I eat vegtables with _____

_ _ _ _ _ _ _ _ _ _ _ _ _ _

6. I eat ice cream with _____

_ _ _ _ _ _ _ _ _ _ _ _ _ _

when it's served in _____

_ _ _ _ _ _ _ _ _ _ _ _ _ _

Write the French word which corresponds to the numbers in the picture.

1. _____

2. _____

3. _____

4. _____

5. _____

6. _____

7. _____

8. _____

9. _____

10. _____

À l'école
At School

Nom _____

Écrivez en français.

l'école

l'instituteur/trice

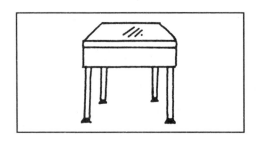

les élèves

le livre

le pupitre

le stylo

À l'école

Écrivez en français.

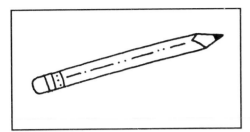

le crayon

_____
- - - - - - - - - - - - - - -

le papier

_____
- - - - - - - - - - - - - - -

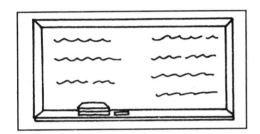

le tableau

_____
- - - - - - - - - - - - - - -

la craie

_____
- - - - - - - - - - - - - - -

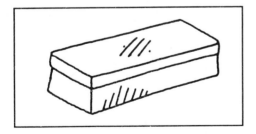

la gomme

_____
- - - - - - - - - - - - - - -

la salle de classe

_____
- - - - - - - - - - - - - - -

À l'école

Écrivez en français.

_____

- - - - - - - - - - - - - - - -

_____

_____

- - - - - - - - - - - - - - - -

_____

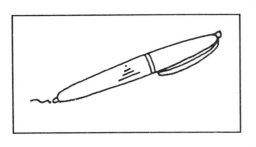

_____

- - - - - - - - - - - - - - - -

_____

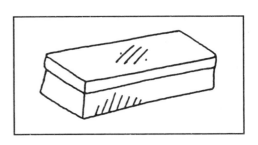

_____

- - - - - - - - - - - - - - - -

_____

_____

- - - - - - - - - - - - - - - -

_____

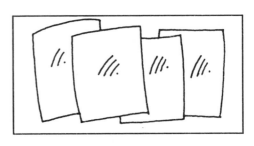

_____

- - - - - - - - - - - - - - - -

_____

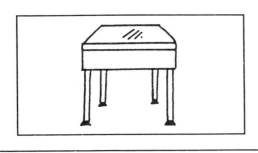

_____

- - - - - - - - - - - - - - - -

_____

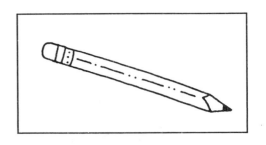

_____

- - - - - - - - - - - - - - - -

_____

Nom _____

Écrivez en français.

La salle de classe

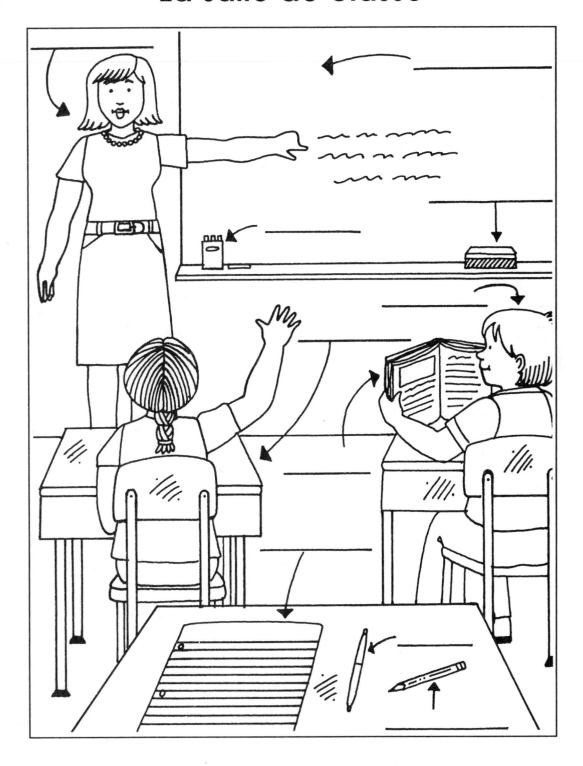

Le règne animal
The Animal Kingdom

Nom _____

Écrivez en français.

le singe

_____

- - - - - - - - - - - - - - -

_____

le lion

_____

- - - - - - - - - - - - - - -

_____

le tigre

_____

- - - - - - - - - - - - - - -

_____

l'éléphant

_____

- - - - - - - - - - - - - - -

_____

le zèbre

_____

- - - - - - - - - - - - - - -

_____

le gorille

_____

- - - - - - - - - - - - - - -

_____

Le règne animal

Écrivez en français.

la girafe

_ _ _ _ _ _ _ _ _ _ _ _ _ _

l'ours

_ _ _ _ _ _ _ _ _ _ _ _ _ _

le kangourou

_ _ _ _ _ _ _ _ _ _ _ _ _ _

le lama

_ _ _ _ _ _ _ _ _ _ _ _ _ _

le chameau

_ _ _ _ _ _ _ _ _ _ _ _ _ _

le phoque

_ _ _ _ _ _ _ _ _ _ _ _ _ _

le cobra

_ _ _ _ _ _ _ _ _ _ _ _ _ _

l'hippopotame

_ _ _ _ _ _ _ _ _ _ _ _ _ _

Le règne animal

Match each animal with its number in the picture.

_____ la girafe   _____ l'hippopotame

_____ le kangourou   _____ le singe

_____ le chameau   _____ le tigre

_____ le cobra   _____ le zèbre

_____ l'ours   _____ le lion

_____ le lama   _____ l'éléphant

_____ le phoque   _____ le gorille

Au cirque
At the Circus

Nom _____

le clown

l'acrobate

le jongleur

la trapéziste

le dompteur

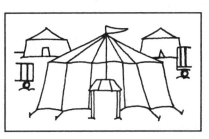

la tente de cirque

le guichet

l'orchestre

Au cirque

Que voit le garçon? (What does the boy see?) Décrivez-le en français. (Describe in French.)

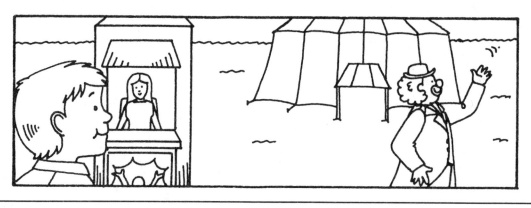

_____

_____

_____

_____

_____

_____

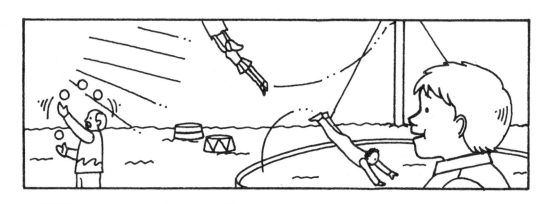

_____

_____

_____

_____

_____

_____

Où?
Where?

Nom _____

Écrivez en français.

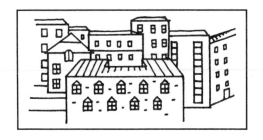

en ville

_____

- - - - - - - - - - - -

à la campagne

_____

- - - - - - - - - - - -

au supermarché

_____

- - - - - - - - - - - -

au bureau

_____

- - - - - - - - - - - -

à la plage

_____

- - - - - - - - - - - -

Où?

Écrivez en français.

au restaurant

_____

- - - - - - - - - - - - - - - -

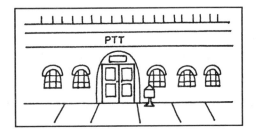

à la poste

_____

- - - - - - - - - - - - - - - -

à la banque

_____

- - - - - - - - - - - - - - - -

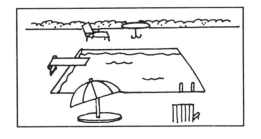

à la piscine

_____

- - - - - - - - - - - - - - - -

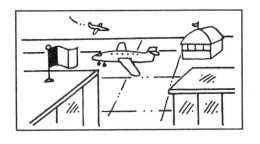

à l'aéroport

_____

- - - - - - - - - - - - - - - -

Où?

Write in French where you would go in each situation.

1.You want to buy food.

_____

- - - - - - - - - - - - - - - - - - - -

_____

2.You want to eat.

_____

- - - - - - - - - - - - - - - - - - - -

3.You need money.

_____

- - - - - - - - - - - - - - - - - - - -

_____

4.You want to swim.

_____

- - - - - - - - - - - - - - - - - - - -

5.You want to travel.

_____

- - - - - - - - - - - - - - - - - - - -

_____

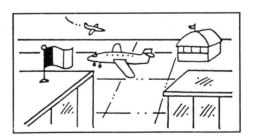

Où?

Write in French what these places are.

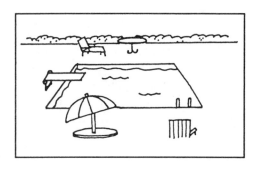

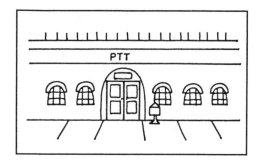

_____

- - - - - - - - - - - - - - - -

_____

_____

- - - - - - - - - - - - - - - -

_____

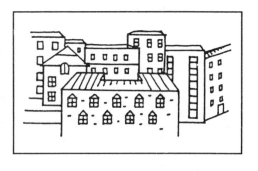

_____

- - - - - - - - - - - - - - - -

_____

_____

- - - - - - - - - - - - - - - -

_____

_____

- - - - - - - - - - - - - - - -

_____

_____

- - - - - - - - - - - - - - - -

_____

Les activités
Activities

Nom _____

Écrivez en français.

manger

_____

- - - - - - - - - - - - - -

_____

boire

_____

- - - - - - - - - - - - - -

_____

dormir

_____

- - - - - - - - - - - - - -

_____

courir

_____

- - - - - - - - - - - - - -

_____

promener

_____

- - - - - - - - - - - - - -

_____

danser

_____

- - - - - - - - - - - - - -

_____

Les activités

Écrivez en français.

to read

lire

- - - - - - - - - - - - -

to speak

parler

- - - - - - - - - - - - -

to write

écrire

- - - - - - - - - - - - -

to listen

écouter

- - - - - - - - - - - - -

to laugh

rire

- - - - - - - - - - - - -

to cry

pleurer

- - - - - - - - - - - - -

to buy

acheter

- - - - - - - - - - - - -

to look at

regarder

- - - - - - - - - - - - -

Les activités

Qu'est-ce qu'ils font? (What are they doing?)

Écrivez les activités en français.

Le café

Nom _____

The heart of many French cities and towns can often be found in the local cafés. French people of all ages enjoy relaxing with a coffee or a cool drink, discussing politics, art, and life with friends, and watching the people pass by on the street.

Answer Key
French
Elementary

L'alphabet
Alphabet

Écrivez l'alphabet français.

l'avion — Aa (ah) / Aa
la ballerine — Bb (bay) / Bb
le cochon — Cc (say) / Cc
la dent — Dd (day) / Dd
l'église — Ee (uh) / Ee
le feu — Ff (eff) / Ff
la girafe — Gg (zhay) / Gg

l'hippopotame — Hh (ash) / Hh
l'insecte — Ii (ee) / Ii
la jupe — Jj (zhee) / Jj
le kangourou — Kk (kah) / Kk
le lion — Ll (ell) / Ll
le magnétoscope — Mm (em) / Mm
la nappe — Nn (en) / Nn

Page 1

L'alphabet

l'ours — Oo (oh) / Oo
la poire — Pp (pay) / Pp
le quai — Qq (coo) / Qq
la radio — Rr (ehr) / Rr
la souris — Ss (ess) / Ss
la table — Tt (tay) / Tt
l'usine — Uu (u) / Uu

la vache — Vv (vay) / Vv
le wagon-lit — Ww (doo-ble vay) / Ww
le xylophone — Xx (eex) / Xx
le yaourt — Yy (ee-grek) / Yy
le zèbre — Zz (zed) / Zz

Page 2

Les nombres
Numbers

Écrivez les nombres en français. (Write the numbers in French.)

0 zéro	1 un	2 deux
0 zéro	1 un	2 deux
3 trois	4 quatre	5 cinq
3 trois	4 quatre	5 cinq
6 six	7 sept	8 huit
6 six	7 sept	8 huit
9 neuf	10 dix	11 onze
9 neuf	10 dix	11 onze
12 douze	13 treize	14 quatorze
12 douze	13 treize	14 quatorze
15 quinze	16 seize	17 dix-sept
15 quinze	16 seize	17 dix-sept
18 dix-huit	19 dix-neuf	20 vingt
18 dix-huit	19 dix-neuf	20 vingt

© Instructional Fair • TS Denison 3

Page 3

IF 8792 French

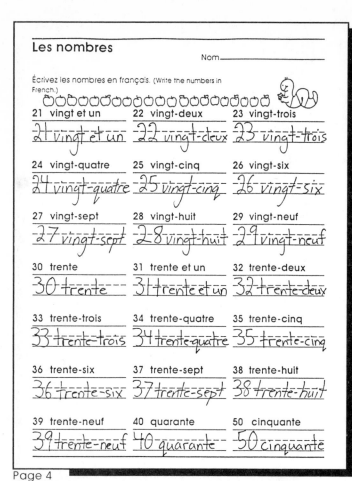

Les nombres

Nom_____

Écrivez les nombres en français. (Write the numbers in French.)

21 vingt et un	22 vingt-deux	23 vingt-trois
21 vingt et un	22 vingt-deux	23 vingt-trois

24 vingt-quatre	25 vingt-cinq	26 vingt-six
24 vingt-quatre	25 vingt-cinq	26 vingt-six

27 vingt-sept	28 vingt-huit	29 vingt-neuf
27 vingt-sept	28 vingt-huit	29 vingt-neuf

30 trente	31 trente et un	32 trente-deux
30 trente	31 trente et un	32 trente-deux

33 trente-trois	34 trente-quatre	35 trente-cinq
33 trente-trois	34 trente-quatre	35 trente-cinq

36 trente-six	37 trente-sept	38 trente-huit
36 trente-six	37 trente-sept	38 trente-huit

39 trente-neuf	40 quarante	50 cinquante
39 trente-neuf	40 quarante	50 cinquante

Page 4

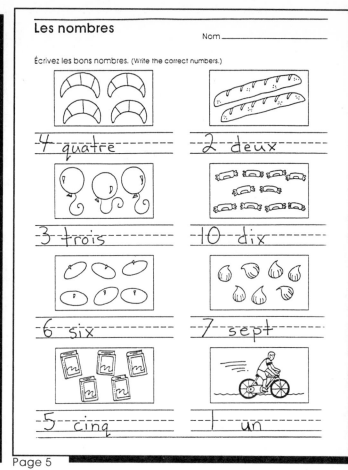

Les nombres

Nom_____

Écrivez les bons nombres. (Write the correct numbers.)

4 quatre

2 deux

3 trois

10 dix

6 six

7 sept

5 cinq

1 un

Page 5

Les couleurs
Colors

Nom_____

Écrivez les couleurs en français. (Write the colors in French.)

jaune

orange

jaune

orange

rouge

vert

rouge

vert

bleu

violet

bleu

violet

brun

rose

brun

rose

Page 6

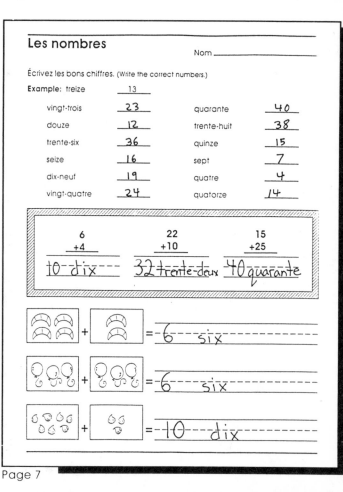

Les nombres

Nom_____

Écrivez les bons chiffres. (Write the correct numbers.)

Example: treize ___13___

vingt-trois	23	quarante	40
douze	12	trente-huit	38
trente-six	36	quinze	15
seize	16	sept	7
dix-neuf	19	quatre	4
vingt-quatre	24	quatorze	14

6 +4	22 +10	15 +25
10 dix	32 trente-deux	40 quarante

= 6 six

= 6 six

= 10 dix

Page 7

Les couleurs

Nom _____

Écrivez les couleurs en français. (Write the colors in French.)

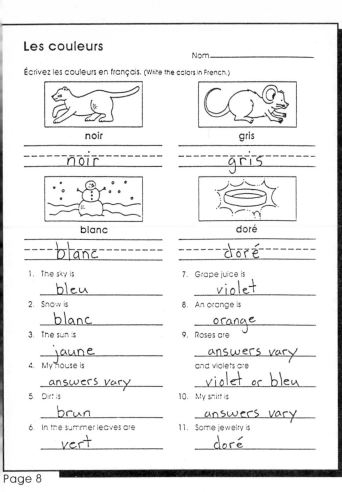

noir
_____ noir _____

gris
_____ gris _____

blanc
_____ blanc _____

doré
_____ doré _____

1. The sky is
   bleu
2. Snow is
   blanc
3. The sun is
   jaune
4. My house is
   answers vary
5. Dirt is
   brun
6. In the summer leaves are
   vert

7. Grape juice is
   violet
8. An orange is
   orange
9. Roses are
   answers vary
   and violets are
   violet or bleu
10. My shirt is
   answers vary
11. Some jewelry is
   doré

Le calendrier
The Calendar

Nom _____

Écrivez en français

le calendrier
_____ le calendrier _____

le mois
_____ le mois _____

la semaine
_____ la semaine _____

le jour
_____ le jour _____

les années
_____ les années _____

Écrivez les mots justes en français. (Write the correct words in French.)

12 mois = _____ l'an _____

4 semaines = _____ le mois _____

7 jours = _____ la semaine _____

24 heures = _____ le jour _____

Les jours
The Days of the Week

Nom _____

Écrivez en français.
Note: Days of the week are **not** capitalized in French.

lundi (Monday)
_____ lundi _____

mardi (Tuesday)
_____ mardi _____

mercredi (Wednesday)
_____ mercredi _____

jeudi (Thursday)
_____ jeudi _____

vendredi (Friday)
_____ vendredi _____

samedi (Saturday)
_____ samedi _____

dimanche (Sunday)
_____ dimanche _____

Écrivez le jour suivant.
(Write the following day.)

mardi
_____ mercredi _____

vendredi
_____ samedi _____

lundi
_____ mardi _____

jeudi
_____ vendredi _____

mercredi
_____ jeudi _____

dimanche
_____ lundi _____

samedi
_____ dimanche _____

Les mois
The Months

Nom _____

Écrivez en français.

Note: Months are **not** capitalized in French.

janvier
_____ janvier _____

février
_____ février _____

mars
_____ mars _____

avril
_____ avril _____

mai
_____ mai _____

juin
_____ juin _____

juillet
_____ juillet _____

août
_____ août _____

septembre
_____ septembre _____

octobre
_____ octobre _____

novembre
_____ novembre _____

décembre
_____ décembre _____

IF 8792 French

Les mois

Nom _____

Écrivez le mois suivant. (Write the following month.)

décembre
janvier

août
septembre

mai
juin

février
mars

septembre
octobre

janvier
février

avril
mai

octobre
novembre

juin
juillet

mars
avril

novembre
décembre

juillet
août

Page 12

La maison
The House

Nom _____

Écrivez en français.

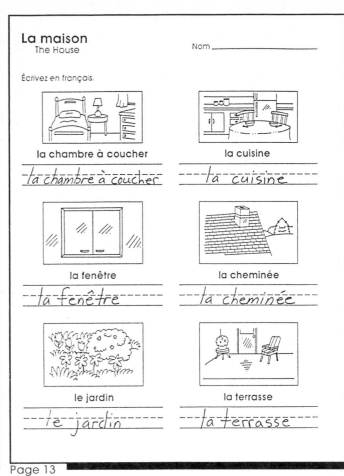

la chambre à coucher
la chambre à coucher

la cuisine
la cuisine

la fenêtre
la fenêtre

la cheminée
la cheminée

le jardin
le jardin

la terrasse
la terrasse

Page 13

La maison

Nom _____

Écrivez en français.

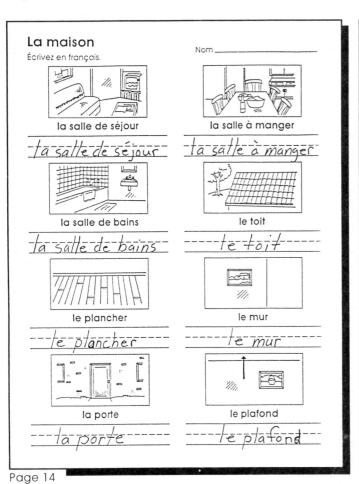

la salle de séjour
la salle de séjour

la salle à manger
la salle à manger

la salle de bains
la salle de bains

le toit
le toit

le plancher
le plancher

le mur
le mur

la porte
la porte

le plafond
le plafond

Page 14

La maison

Nom _____

Dessinez les parties de la maison et écrivez les mots en français.
(Draw the parts of the house and write the words in French.)

door
la porte

bedroom
la chambre à coucher

kitchen
la cuisine

roof
le toit

chimney
la cheminée

bathroom
la salle de bains

floor
le plancher

dining room
la salle à manger

window
la fenêtre

Page 15

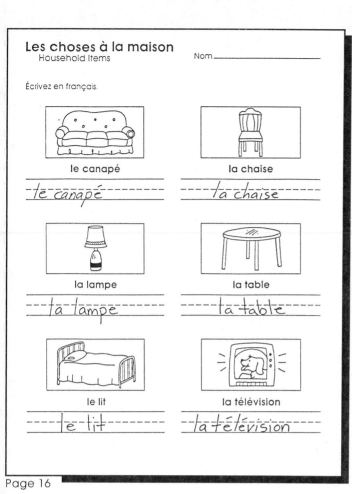

Les choses à la maison
Household Items

Nom _____

Écrivez en français.

le canapé
le canapé

la chaise
la chaise

la lampe
la lampe

la table
la table

le lit
le lit

la télévision
la télévision

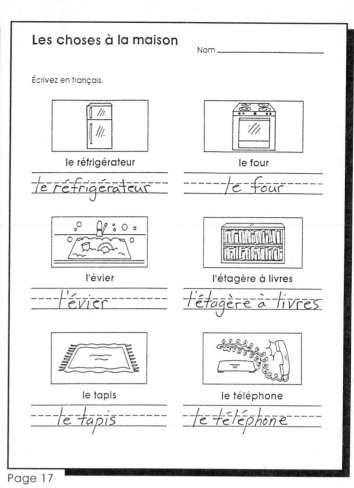

Les choses à la maison

Nom _____

Écrivez en français.

le réfrigérateur
le réfrigérateur

le four
le four

l'évier
l'évier

l'étagère à livres
l'étagère à livres

le tapis
le tapis

le téléphone
le téléphone

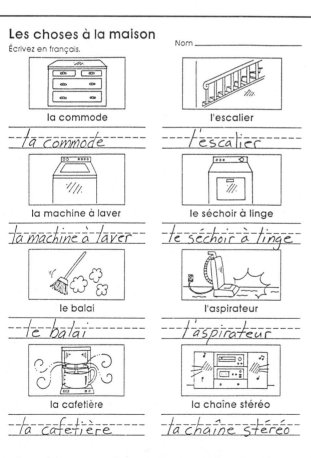

Les choses à la maison

Nom _____

Écrivez en français.

la commode
la commode

l'escalier
l'escalier

la machine à laver
la machine à laver

le séchoir à linge
le séchoir à linge

le balai
le balai

l'aspirateur
l'aspirateur

la cafetière
la cafetière

la chaîne stéréo
la chaîne stéréo

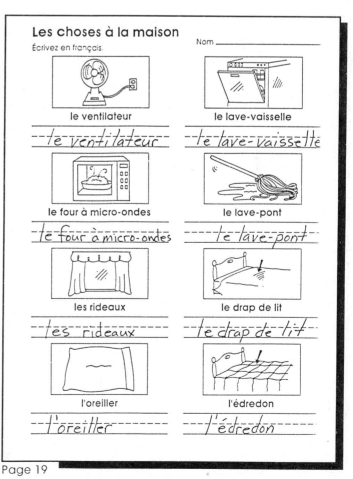

Les choses à la maison

Nom _____

Écrivez en français.

le ventilateur
le ventilateur

le lave-vaisselle
le lave-vaisselle

le four à micro-ondes
le four à micro-ondes

le lave-pont
le lave-pont

les rideaux
les rideaux

le drap de lit
le drap de lit

l'oreiller
l'oreiller

l'édredon
l'édredon

IF 8792 French

Les choses à la maison

Nom _____

Dessinez ces choses et écrivez les mots en français.
(Draw these things and label them in French.)

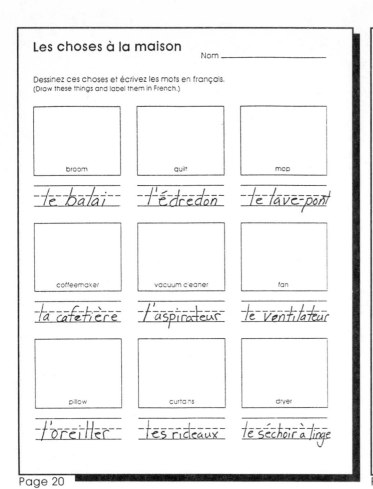

broom	quilt	mop
le balai	*l'édredon*	*le lave-pont*

coffeemaker	vacuum cleaner	fan
la cafetière	*l'aspirateur*	*le ventilateur*

pillow	curtains	dryer
l'oreiller	*les rideaux*	*le séchoir à linge*

Les choses à la maison

Nom _____

Dessinez ces choses dans la maison: (Draw these things in the house:)

la lampe	la cheminée
le téléphone	le canapé
la télévision	l'étagère à livres
la table	la chaise
le réfrigérateur	le lit
le four	la commode
le tapis	l'escalier

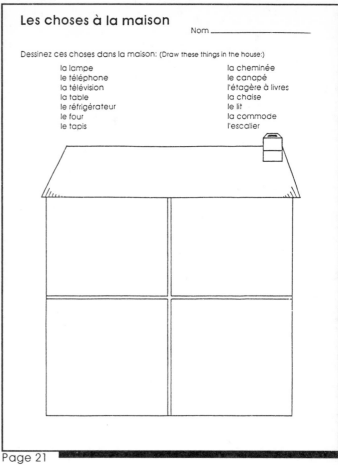

La famille
The Family

Nom _____

Écrivez en français.

le père
le père

la mère
la mère

le fils
le fils

la fille
la fille

le frère
le frère

la soeur
la soeur

La famille

Nom _____

Écrivez en français.

le grand-père
le grand-père

la grand-mère
la grand-mère

l'oncle
l'oncle

la tante
la tante

le cousin
le cousin

la cousine
la cousine

La famille

Nom_____

Écrivez en français.

mother	*la mère*
father	*le père*
grandmother	*la grand-mère*
grandfather	*le grand-père*
uncle	*l'oncle*
son	*le fils*
brother	*le frère*

cousin	*le cousin/la cousine*
daughter	*la fille*
aunt	*la tante*
sister	*la soeur*

Page 24

La famille

Nom_____

Draw pictures of your family where indicated and label them in French.

Page 25

Les vêtements
Clothing

Nom_____

Écrivez en français.

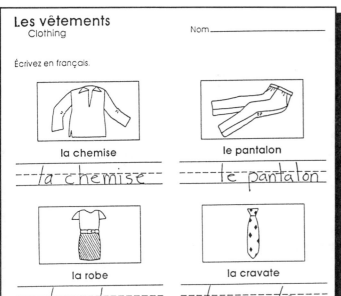

la chemise — *la chemise*

le pantalon — *le pantalon*

la robe — *la robe*

la cravate — *la cravate*

le pyjama — *le pyjama*

le jean — *le jean*

Page 26

Les vêtements

Nom_____

Écrivez en français.

la jupe — *la jupe*

la veste — *la veste*

le blouson — *le blouson*

le maillot de bain — *le maillot de bain*

le manteau — *le manteau*

le pull — *le pull*

les chausseures — *les chausseures*

les sandales — *les sandales*

Page 27

Les vêtements

Nom _____

Dessinez et écrivez en français les vêtements que vous mettez pour aller . . . (Draw and label the clothing you wear to go . . .)

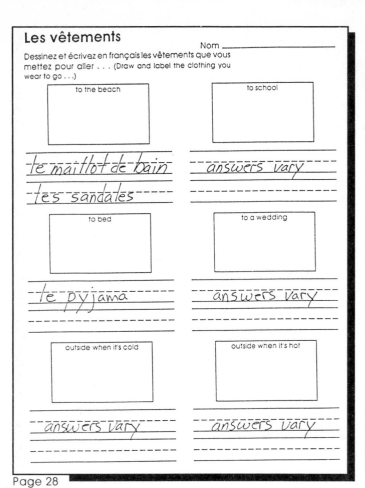

to the beach

le maillot de bain

les sandales

to school

answers vary

to bed

le pyjama

to a wedding

answers vary

outside when it's cold

answers vary

outside when it's hot

answers vary

Les accessoires
Accessories

Nom _____

Écrivez en français.

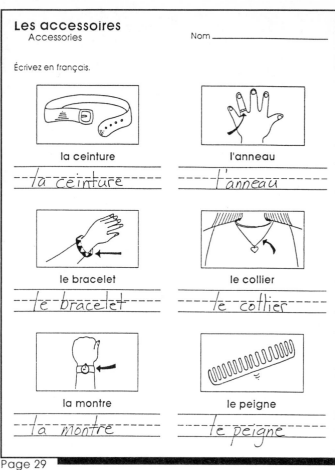

la ceinture

la ceinture

l'anneau

l'anneau

le bracelet

le bracelet

le collier

le collier

la montre

la montre

le peigne

le peigne

Les accessoires

Nom _____

Écrivez en français.

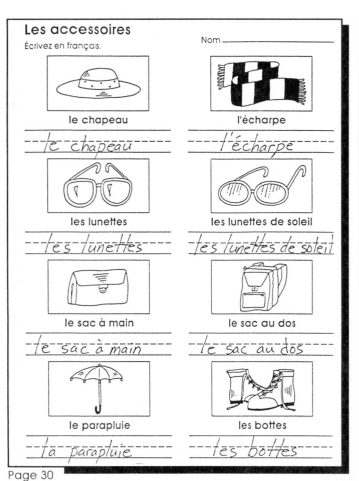

le chapeau

le chapeau

l'écharpe

l'écharpe

les lunettes

les lunettes

les lunettes de soleil

les lunettes de soleil

le sac à main

le sac à main

le sac au dos

le sac au dos

le parapluie

la parapluie

les bottes

les bottes

Les accessoires

Nom _____

Écrivez en français. (Write in French.)

le blouson

les lunettes de soleil

la ceinture

la jupe

le sac à main

les lunettes

la chemise

les bottes

la montre

le pantalon

les bottes

le sac au dos

         IF8792 French

La cuisine
Food

Écrivez en français.

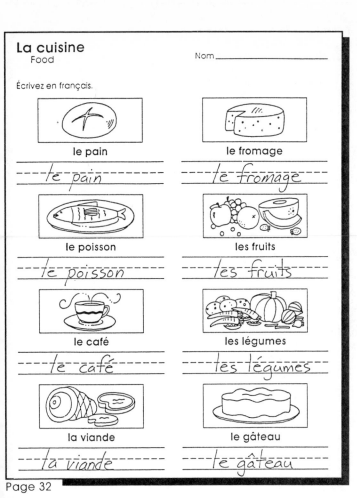

le pain

le pain

le fromage

le fromage

le poisson

le poisson

les fruits

les fruits

le café

le café

les légumes

les légumes

la viande

la viande

le gâteau

le gâteau

Page 32

La cuisine
Écrivez en français.

la pomme

la pomme

la banane

la banane

les cerises

les cerises

les grains de raisin

les grains de raisi

l'orange

l'orange

la fraise

la fraise

le citron

le citron

la poire

la poire

Page 33

La cuisine
Écrivez en français.

la tomate

la tomate

la salade

la salade

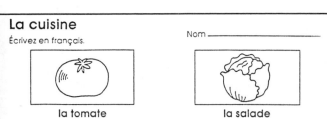

la carotte

la carotte

le maïs

le maïs

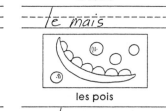

le riz

le riz

les pois

les pois

les pommes de terre

les pommes de terre

l'ail

l'ail

Page 34

La cuisine
Écrivez en français.

le poisson

les pois

les fruits

le pain

le fromage

la pomme

les cerises

la banane

Page 35

© Instructional Fair • TS Denison

111

IF 8792 French

La cuisine

Nom _____

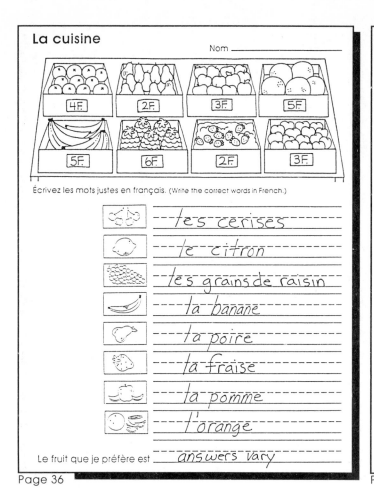

Écrivez les mots justes en français. (Write the correct words in French.)

les cerises

le citron

les grains de raisin

la banane

la poire

la fraise

la pomme

l'orange

Le fruit que je préfère est _answers vary_

Au supermarché
At the Supermarket

Nom _____

Écrivez en français.

le chariot

le chariot

le sac à provisions

le sac à provisions

le prix

le prix

la caisse

la caisse

le caissier

le caissier

la balance

la balance

Le petit-déjeuner
Breakfast

Nom _____

Écrivez en français.

le lait

le lait

le yaourt

le yaourt

le café

le café

le chocolat

le chocolat

le pain

le pain

le jus d'orange

le jus d'orange

Écrivez en français ce que vous mangeriez pour le petit-déjeuner en France.
(Write in French what you would eat in France for breakfast.)

answers vary

Le déjeuner
Lunch

Nom _____

Écrivez en français.

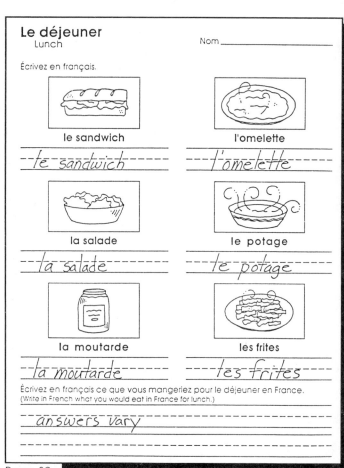

le sandwich

le sandwich

l'omelette

l'omelette

la salade

la salade

le potage

le potage

la moutarde

la moutarde

les frites

les frites

Écrivez en français ce que vous mangeriez pour le déjeuner en France.
(Write in French what you would eat in France for lunch.)

answers vary

 IF8792 French

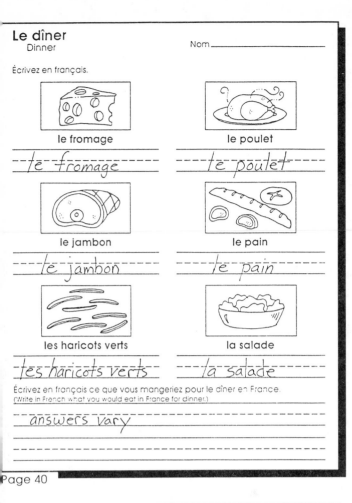

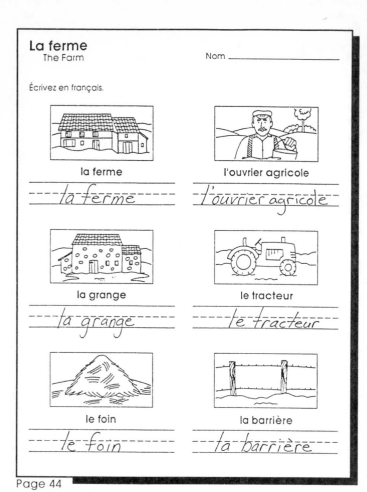

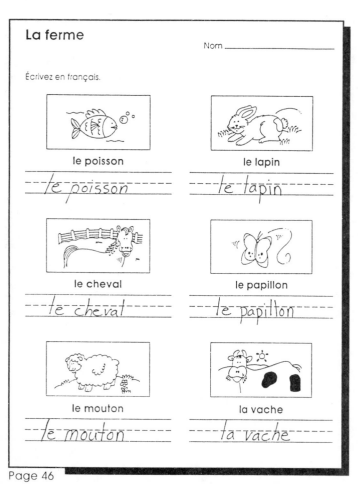

La ferme
The Farm

Nom _____

Écrivez en français.

la ferme
la ferme

l'ouvrier agricole
l'ouvrier agricole

la grange
la grange

le tracteur
le tracteur

le foin
le foin

la barrière
la barrière

La ferme

Nom _____

Écrivez en français.

les poules
les poules

le canard
le canard

la chèvre
la chèvre

le chien
le chien

le chat
le chat

le coq
le coq

La ferme

Nom _____

Écrivez en français.

le poisson
le poisson

le lapin
le lapin

le cheval
le cheval

le papillon
le papillon

le mouton
le mouton

la vache
la vache

La ferme

Nom _____

Écrivez en français.

le serpent
le serpent

le cochon
le cochon

la poule
la poule

la tortue
la tortue

la grenouille
la grenouille

la mouche
la mouche

La ferme

Nom _____

Écrivez en français. (Write each animal's name in French.)

1. le serpent
2. le mouton
3. la tortue
4. le cochon
5. la chèvre
6. le cheval
7. le chien
8. le coq
9. le lapin
10. le papillon
11. la mouche
12. la grenouille
13. la vache
14. le chat

Le transport
Transportation

Nom _____

Écrivez en français.

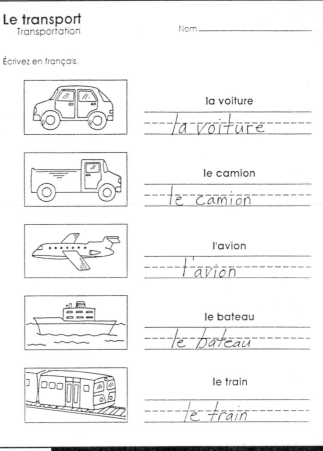

la voiture

la voiture

le camion

le camion

l'avion

l'avion

le bateau

le bateau

le train

le train

Le transport

Nom _____

Écrivez en français.

le bus

le bus

le vélo

le vélo

la moto

la moto

le taxi

le taxi

le métro

le métro

Le transport

Nom _____

Répondez en français. (Answer in French.)

1. Children can ride to school on me.

   What am I? *le bus*

2. City workers can ride on me.

   What am I? *le métro*

3. Travel time "flies" on me.

   What am I? *l'avion*

4. My English name rhymes with "float" which is what I do.

   What am I? *le bateau*

5. I have a caboose.

   What am I? *le train*

6. Children learn to ride me when they are about five.

   What am I? *le vélo*

7. People use me to carry very big loads.

   What am I? *le camion*

115

IF 8792 French

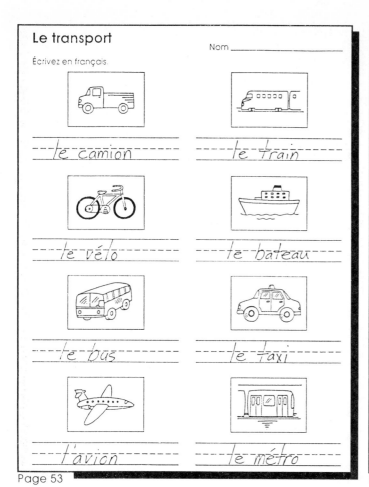

Le transport

Écrivez en français.

Nom _____

le camion

le train

le vélo

le bateau

le bus

le taxi

l'avion

le métro

Les sports
Sports

Écrivez en français.

Nom _____

faire du ski

faire du ski

faire du patin à glace

faire du patin à glace

faire du skateboard

faire du skateboard

faire du cheval

faire du cheval

faire de la natation

faire de la natation

faire du vélo

faire du vélo

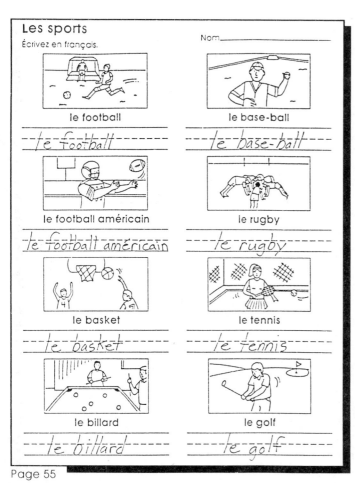

Les sports

Écrivez en français.

Nom _____

le football

le football

le base-ball

le base-ball

le football américain

le football américain

le rugby

le rugby

le basket

le basket

le tennis

le tennis

le billard

le billard

le golf

le golf

Les sports

Écrivez les sports en français.
(Write each sport in French.)

Nom _____

(faire de) la natation

le football américain

(faire) du ski

(faire) du skateboard

le football

(faire) du cheval

le tennis

(faire) du patin à glace

IF8792 French

Les professions
Professions

Nom _____

Écrivez en français.

le camionneur — *le camionneur*

le pompier — *le pompier*

le pilote — *le pilote*

le médecin — *le médecin*

l'infirmière — *l'infirmière*

la dentiste — *la dentiste*

Page 57

Les professions

Nom _____

Écrivez en français.

la chanteuse — *la chanteuse*

la femme d'affaires — *la femme d'affaires*

le chef — *le chef*

le soldat — *le soldat*

le charpentier — *le charpentier*

le policier — *le policier*

le mécanicien — *le mécanicien*

l'artiste — *l'artiste*

Page 58

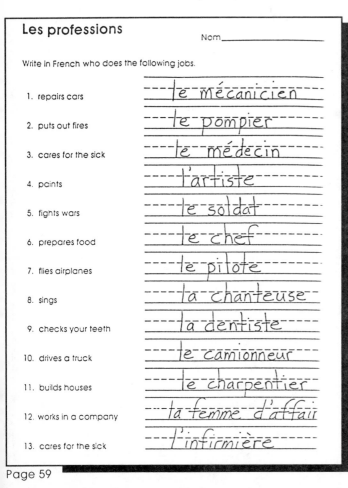

Les professions

Nom _____

Write in French who does the following jobs.

1. repairs cars — *le mécanicien*
2. puts out fires — *le pompier*
3. cares for the sick — *le médecin*
4. paints — *l'artiste*
5. fights wars — *le soldat*
6. prepares food — *le chef*
7. flies airplanes — *le pilote*
8. sings — *la chanteuse*
9. checks your teeth — *la dentiste*
10. drives a truck — *le camionneur*
11. builds houses — *le charpentier*
12. works in a company — *la femme d'affaii*
13. cares for the sick — *l'infirmière*

Page 59

Le corps
The Body

Nom _____

Écrivez en français.

la tête — *la tête*

les cheveux — *les cheveux*

les yeux — *les yeux*

le nez — *le nez*

la bouche — *la bouche*

l'oreille — *l'oreille*

Page 60

Le corps

Écrivez en français.

Nom _____

le bras

le bras

le coude

le coude

la main

la main

le doigt

le doigt

la jambe

la jambe

le genou

le genou

le pied

le pied

la poitrine

la poitrine

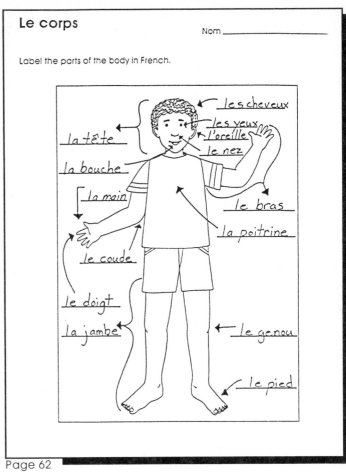

Le corps

Nom _____

Label the parts of the body in French.

les cheveux
la tête
les yeux
l'oreille
le nez
la bouche
la main
le bras
la poitrine
le coude
le doigt
la jambe
le genou
le pied

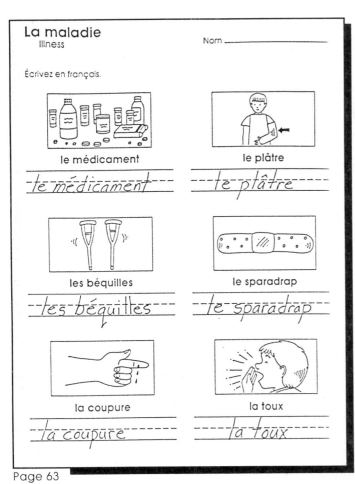

La maladie
Illness

Nom _____

Écrivez en français.

le médicament

le médicament

le plâtre

le plâtre

les béquilles

les béquilles

le sparadrap

le sparadrap

la coupure

la coupure

la toux

la toux

La maladie

Écrivez en français.

Nom _____

mal à la tête

mal à la tête

mal aux dents

mal aux dents

mal au ventre

mal au ventre

mal à la gorge

mal à la gorge

le thermomètre

le thermomètre

la piqûre

la piqûre

le médecin

le médecin

l'infirmier

l'infirmier

118   IF8792 French

La maladie

Nom _____

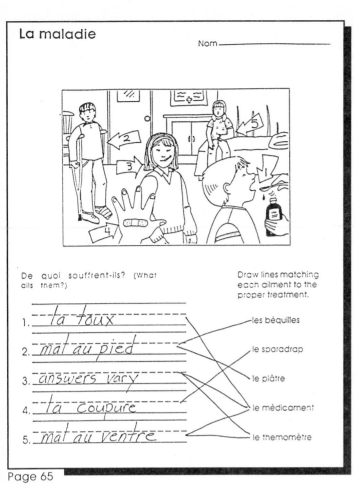

De quoi souffrent-ils? (What ails them?)

1. _la toux_
2. _mal au pied_
3. _answers vary_
4. _la coupure_
5. _mal au ventre_

Draw lines matching each ailment to the proper treatment.

les béquilles

le sparadrap

le plâtre

le médicament

le thermomètre

Les moyens de communication

Communication

Nom _____

Écrivez en français.

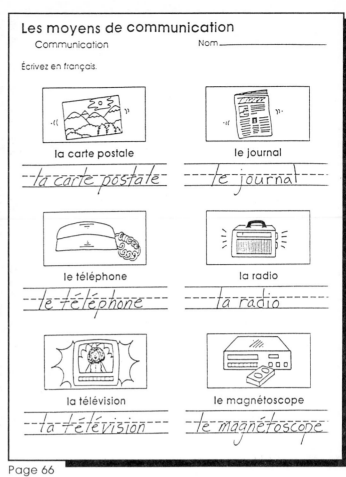

la carte postale
la carte postale

le journal
le journal

le téléphone
le téléphone

la radio
la radio

la télévision
la télévision

le magnétoscope
le magnétoscope

Les moyens de communication

Écrivez en français.

Nom _____

le magazine
le magazine

le répondeur
le répondeur

l'affiche
l'affiche

l'ordinateur
l'ordinateur

le feu
le feu

la bouche
la bouche

les gestes
les gestes

le livre
le livre

Les moyens de communication

Nom _____

Écrivez en français. (Write in French.)

le téléphone   _le livre_   _la radio_

les gestes   _l'affiche_   _l'ordinateur_

1. _l'ordinateur_   3. _le téléphone_   5. _le journal_
2. _l'affiche_   4. _la radio_   6. _les gestes_

---

119   IF 8792 French

Les outils et les matériaux
Tools and Materials

Nom_____

Écrivez en français.

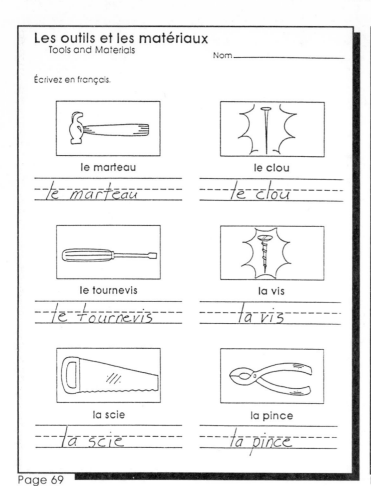

le marteau

le marteau

le clou

le clou

le tournevis

le tournevis

la vis

la vis

la scie

la scie

la pince

la pince

Les outils et les matériaux

Écrivez en français.

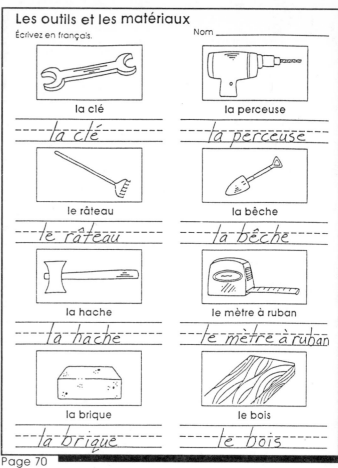

la clé

la clé

la perceuse

la perceuse

le râteau

le râteau

la bêche

la bêche

la hache

la hache

le mètre à ruban

le mètre à ruban

la brique

la brique

le bois

le bois

Nom_____

Les outils et les matériaux

Nom_____

Matching

A. wrench

B. screwdriver

C. nails

D. rake

E. hammer

F. shovel

G. brick

H. screws

I. drill

J. wood

K. ax

L. pliers

M. saw

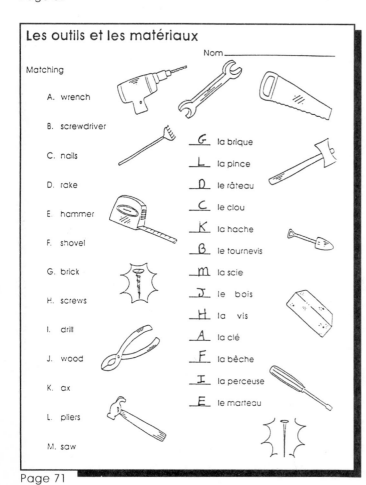

_G_ la brique

_L_ la pince

_D_ le râteau

_C_ le clou

_K_ la hache

_B_ le tournevis

_m_ la scie

_J_ le bois

_H_ la vis

_A_ la clé

_F_ la bêche

_I_ la perceuse

_E_ le marteau

La nature
Nature

Nom_____

Écrivez en français.

l'arbre

l'arbre

les feuilles

les feuilles

l'herbe

l'herbe

le bois

le bois

la fleur

la fleur

le ruisseau

le ruisseau

     IF8792 French

La nature

Écrivez en français.

Nom _____

le lac

le lac

la mer

la mer

la plage

la plage

le ciel

le ciel

les montagnes

les montagnes

le désert

le désert

la vallée

la vallée

le buisson

le buisson

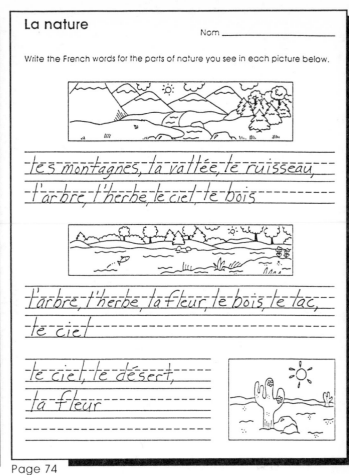

La nature

Nom _____

Write the French words for the parts of nature you see in each picture below.

les montagnes, la vallée, le ruisseau,
l'arbre, l'herbe, le ciel, le bois

l'arbre, l'herbe, la fleur, le bois, le lac,
le ciel

le ciel, le désert,
la fleur

En ville
In the City

Nom _____

Écrivez en français.

les immeubles

les immeubles

le gratte-ciel

le gratte-ciel

le restaurant

le restaurant

l'hôtel

l'hôtel

l'école

l'école

l'église

l'église

En ville

Nom _____

Écrivez en français.

la gare

la gare

le musée

le musée

le poste de police

le poste de police

la pâtisserie

la pâtisserie

l'usine

l'usine

les bureaux

les bureaux

En ville

Écrivez en français.

Nom _____

l'hôpital
l'hôpital

le grand magasin
le grand magasin

le supermarché
le supermarché

la boulangerie
la boulangerie

la pharmacie
la pharmacie

le magasin de jouets
le magasin de jouets

le cinéma
le cinéma

le parking
le parking

Page 77

En ville

Nom _____

Où trouvez-vous ces choses-là? (Write in French where you would find each of these things.)

la gare

la boulangerie

l'école

le cinéma

la pharmacie

le magasin de jouets

la pâtisserie

le supermarché

le musée

Page 78

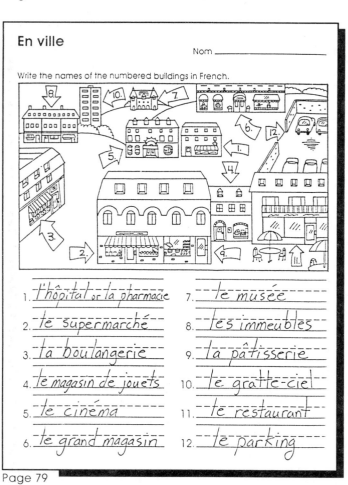

En ville

Nom _____

Write the names of the numbered buildings in French.

1. l'hôpital or la pharmacie
2. le supermarché
3. la boulangerie
4. le magasin de jouets
5. le cinéma
6. le grand magasin
7. le musée
8. les immeubles
9. la pâtisserie
10. le gratte-ciel
11. le restaurant
12. le parking

Page 79

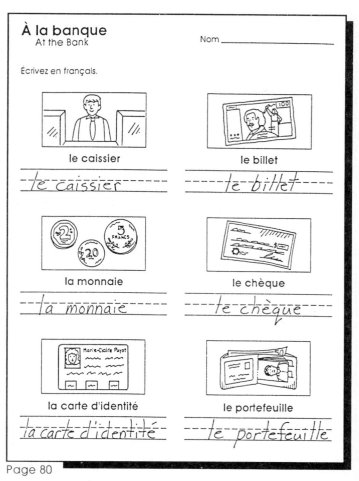

À la banque
At the Bank

Nom _____

Écrivez en français.

le caissier
le caissier

le billet
le billet

la monnaie
la monnaie

le chèque
le chèque

la carte d'identité
la carte d'identité

le portefeuille
le portefeuille

Page 80

© Instructional Fair • TS Denison   122   IF8792 French

À la banque

Écrivez en français.

Nom _____

le coffre-fort

le coffre-fort

le coffre

le coffre

le garde

le garde

la tirelire

la tirelire

la carte de crédit

la carte de crédit

le chèque de voyage

le chèque de voyage

la serrure

la serrure

la clé

la clé

À la banque

Nom _____

Écrivez en français. (Label in French.)

1. *la monnaie*
2. *le billet*
3. *le garde*
4. *le portefeuille*
5. *la carte d'identité*
6. *la tirelire*
7. *le coffre-fort*
8. *le chèque*
9. *le caissier*
10. *la clé*

À table
At the Table

Nom _____

Écrivez en français.

le couteau

le couteau

la fourchette

la fourchette

la cuillère

la cuillère

l'assiette

l'assiette

le verre

le verre

À table

Nom _____

Écrivez en français.

la tasse

la tasse

le plat

le plat

le bol

le bol

la serviette

la serviette

la nappe

la nappe

 IF 8792 French

À table

Nom _____

Écrivez en français.

1. I cut my meat with
le couteau

2. I drink milk out of
le verre

3. My parents drink coffee out of
la tasse
at
la table

4. I wipe my hands on
la serviette

5. I eat vegetables with
la fourchette

6. I eat ice cream with
la cuillère
when it's served in
le bol

Write the French word which corresponds to the numbers in the picture.

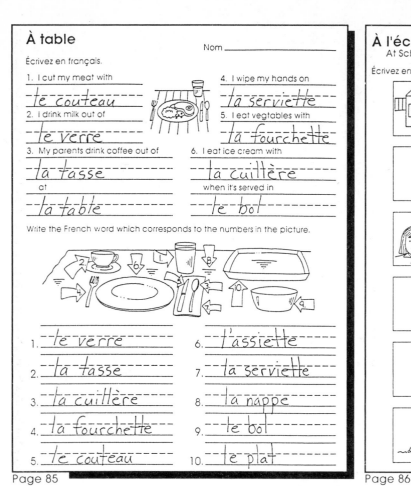

1. _le verre_
2. _la tasse_
3. _la cuillère_
4. _la fourchette_
5. _le couteau_
6. _l'assiette_
7. _la serviette_
8. _la nappe_
9. _le bol_
10. _le plat_

À l'école
At School

Nom _____

Écrivez en français.

l'école
l'école

l'instituteur/trice
l'instituteur/trice

les élèves
les élèves

le livre
le livre

le pupitre
le pupitre

le stylo
le stylo

À l'école

Nom _____

Écrivez en français.

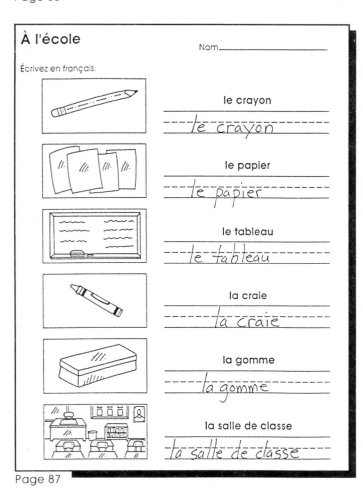

le crayon
le crayon

le papier
le papier

le tableau
le tableau

la craie
la craie

la gomme
la gomme

la salle de classe
la salle de classe

À l'école

Nom _____

Écrivez en français.

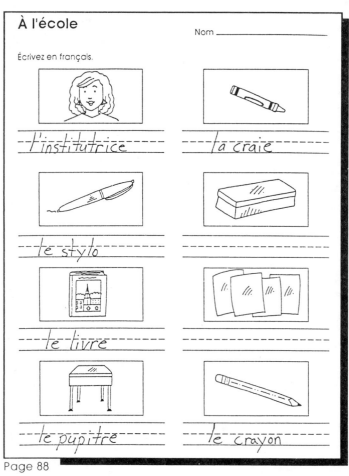

l'institutrice

la craie

le stylo

la gomme

le livre

le papier

le pupitre

le crayon

IF8792 French

À l'école

Nom _____

Écrivez en français.

La salle de classe

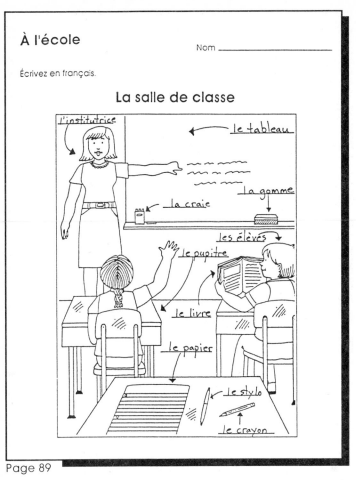

Le règne animal
The Animal Kingdom

Nom _____

Écrivez en français.

le singe
le singe

le lion
le lion

le tigre
le tigre

l'éléphant
l'éléphant

le zèbre
le zèbre

le gorille
le gorille

Le règne animal

Nom _____

Écrivez en français.

la girafe
la girafe

l'ours
l'ours

le kangourou
le kangourou

le lama
le lama

le chameau
le chameau

le phoque
le phoque

le cobra
le cobra

l'hippopotame
l'hippopotame

Le règne animal

Nom _____

Match each animal with its number in the picture.

_2_	la girafe	_5_	l'hippopotame
_14_	le kangourou	_11_	le singe
_7_	le chameau	_1_	le tigre
_9_	le cobra	_8_	le zèbre
_3_	l'ours	_12_	le lion
_13_	le lama	_10_	l'éléphant
_4_	le phoque	_6_	le gorille

 IF 8792 French

Au cirque
At the Circus ·

Nom _____

le clown

le clown

l'acrobate

l'acrobate

le jongleur

le jongleur

la trapéziste

la trapéziste

le dompteur

le dompteur

la tente de cirque

la tente de cirque

le guichet

le guichet

l'orchestre

l'orchestre

Au cirque

Nom _____

Que voit le garçon? (What does the boy see?) Décrivez-le en français. (Describe in French.)

le guichet, la tente de cirque, le clown

le jongleur, la trapéziste, l'acrobate, la tente de cirque

Où?
Where?

Nom _____

Écrivez en français.

en ville

en ville

à la campagne

à la campagne

au supermarché

au supermarché

au bureau

au bureau

à la plage

à la plage

Où?

Nom _____

Écrivez en français.

au restaurant

au restaurant

à la poste

à la poste

à la banque

à la banque

à la piscine

à la piscine

à l'aéroport

à l'aéroport

IF8792 French

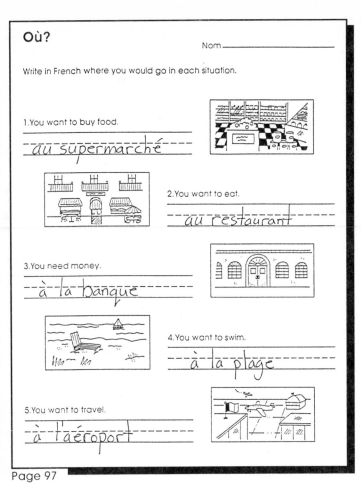

Où?

Nom _____

Write in French where you would go in each situation.

1. You want to buy food.

au supermarché

2. You want to eat.

au restaurant

3. You need money.

à la banque

4. You want to swim.

à la plage

5. You want to travel.

à l'aéroport

Où?

Nom _____

Write in French what these places are.

à la piscine

à la poste

en ville

au bureau

à la campagne

au supermarché

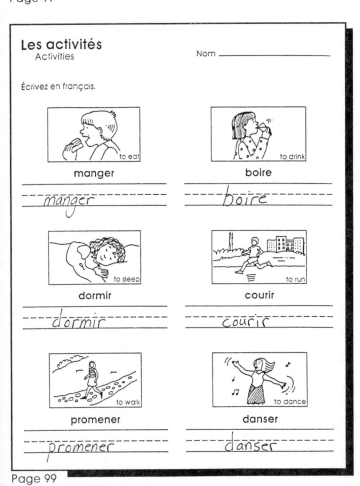

Les activités
Activities

Nom _____

Écrivez en français.

manger

manger

boire

boire

dormir

dormir

courir

courir

promener

promener

danser

danser

Les activités

Écrivez en français.

Nom _____

lire

lire

parler

parler

écrire

écrire

écouter

écouter

rire

rire

pleurer

pleurer

acheter

acheter

regarder

regarder

IF 8792 French

Les activités

Qu'est-ce qu'ils font? (What are they doing?)

Écrivez les activités en français.

faire la natation
courir
promener
acheter
écrire
danser
lire
manger
boire
rire

Page 101

To use the book . . .

a. Read each title and its meaning.

b. Read all directions.

c. Look at each picture (where appropriate) and follow the directions for each activity.

d. Review many of the concepts by completing the various exercises and puzzles included in the book.

e. Use the answer key to check your work.